Gunhild von der Recke

# Kochen mit Knoblauch

## Köstliche Rezepte – herzhaft und gesund

**GU**

Gräfe und Unzer

Umschlag-Vorderseite
Ein mit viel Knoblauch gewürzter Vorspeisenteller. Eingelegte Paprikaschoten, Rezept Seite 15, Provenzalischer Toast, Rezept Seite 12 und in Wein und Öl mit viel Knoblauch gegarte Zwiebeln, ohne Rezept.
2. Umschlagseite
Neapolitanischer Gemüsetopf kann ruhig in großen Mengen zubereitet werden, denn auch kalt serviert schmeckt er hervorragend. Rezept Seite 40.
3. Umschlagseite
Aioli, die berühmte französische Knoblauchsauce, schmeckt außer zu Fischgerichten auch sehr gut zu gegrilltem Fleisch. Auch Salaten gibt sie eine feine Würze. Rezept Seite 24.

Farbfotos: Susi und Pete A. Eising: Seite 9,
alle übrigen Farbfotos: Fotostudio Teubner

CIP-Kurztitelaufnahme der Deutschen Bibliothek

Recke, Gunhild von der

Kochen mit Knoblauch: köstl. Rezepte – herzhaft u. gesund/Gunhild von der Recke. – München: Gräfe und Unzer, 1985.

ISBN 3-7742-4627-0

1. Auflage 1985
© Gräfe und Unzer GmbH, München
Alle Rechte vorbehalten. Nachdruck, auch auszugsweise, sowie Verbreitung durch Film, Funk und Fernsehen, durch fotomechanische Wiedergabe, Tonträger und Datenverarbeitungssysteme jeglicher Art nur mit schriftlicher Genehmigung des Verlages.

Redaktion: Doris Birk
Zeichnungen: Gerlind Bruhn
Umschlaggestaltung: Heinz Kraxenberger
Satz und Druck: Druckerei Georg Appl
Reproduktion: Brend'amour, Simhart & Co.
Bindung: R. Oldenbourg

ISBN 3-7742-4627-0

## Gunhild von der Recke

hat Publizistik und Theaterwissenschaft studiert und nach dem Besuch einer bekannten Münchener Schauspielschule lange Jahre erfolgreich auf der Bühne gestanden.

Nach der Geburt ihres Sohnes verlagerte sie ihr künstlerisches Können mit großem Engagement ins Küchengeschehen. Mit ihren Erfahrungen, die sie in vielen Jahren im In- und Ausland gemacht hatte, verwöhnte sie ihre Familie und viele Gäste mit immer neuen Gerichten.

Daß sie eine richtige Entscheidung traf, als sie ihr großes Hobby zum Beruf machte, beweist die Prämierung ihres ersten Buches mit einer Medaille der Gastronomischen Akademie Deutschlands sowie der große Erfolg in etlichen Fernsehauftritten, die ihre guten Ideen einem breiten Publikum zugänglich machten.

Im gleichen Verlag sind von ihr weitere Küchen-Ratgeber zu den Themen: Lamm, Eintöpfe, Kartoffeln und Aufläufe erschienen.

# Sie finden in diesem Buch

**Ein Wort zuvor** 4

**Wissenswertes über Knoblauch** 5
Gesundheit aus der duftenden Knolle 5 · Knoblauch für Abergläubische 6 · Über Einkauf, Lagerung und Behandlung 6 · Was tun gegen Knoblauchduft? 7

**Vorspeisen, Snacks und Beilagen** 8
Eichblattsalat mit Austernpilzen 8 · Bagna caôda (Heiße Sauce) 8 · Gratinierte Tomaten 8 · Tsatsíkji (Griechischer Gurkensalat) 11 · Bruschetta (Weißbrot mit Knoblauch und Olivenöl) 11 · Knoblauchbrot vom Grill 12 · Supersnacks 12 · Marinierte Pilze auf griechische Art 13 · Marinierte Zucchini 13 · Fenchel-Vorspeise 14 · Muscheln in Tomatensauce 14

**Allerlei Eingelegtes** 15
Eingelegte Paprikaschoten 15 · Champignons in Öl 15 · Eingelegte Oliven 15 · Knoblauch in Öl 16 · Knoblauchbutter 17 · Grüne Knoblauchbutter 18 · Knoblauch-Salatöl 18 · Knoblauchessig 21

**Geknofelte Suppen und Saucen** 22
Serbische Bohnensuppe 22 · Überbackene Knoblauchsuppe 22 · Ungarische Gulaschsuppe 22 · Bulgarische Joghurtsuppe 23 · Gazpacho (Spanische Gemüsesuppe) 23 · Aioli (Französische Knoblauchsauce) 24 · Aillade (Spanische Knoblauchsauce) 24 · Salsa verde (Grüne Sauce) 25 · Italienische Salatsauce 25 · Skordalia (Griechische Knoblauchsauce) 26 · Griechische Knoblauchsauce mit Kartoffeln 26

**Pikante Teigwaren**
Spaghetti alla ghiotta 27 · Spaghetti con aglio e olio (Spaghetti mit Knoblauch und Öl) 27 · Spaghetti al pesto genovese (Spaghetti mit grüner Basilikumsauce) 27 · Spaghetti alle vongole (Spaghetti mit Herzmuscheln und Tomaten) 28 · Fettuccine alla marinara (Bandnudeln mit Meeresfrüchten) 28 · Spaghettischüssel San Felice 29

**Teufelshuhn und andere Hähnchen** 30
Teufelshuhn 30 · Knoblauchhuhn 30 · Hähnchen in Burgunderwein 30 · Hähnchen nach Farmer Art 31 · Paniertes Hähnchen 31 · Pollo alla sabinese (Geschmortes Huhn mit Oliven) 32 · Indonesisches Hühnergericht 32

**Fisch und Meeresfrüchte** 33
Chinesische Shrimps 33 · Bouillabaisse 33 · La rouille 34 · Fischrisotto 34 · Fischsuppe mit Gemüse 35 · Lachsforelle provenzalisch 35 · Zitronenfisch 36 · Pikanter Kabeljau aus dem Ofen 36 · Garnelen in scharfer roter Sauce 39 · Scampi aus der Pfanne 39

**Südländische Gemüse** 40
Neapolitanischer Gemüsetopf 40 · Ratatouille 40 · Süß-saure Zucchini 41 · Geknofelte Zucchini 41 · Gefüllte Zucchinipakete 41 · Geschmorter Broccoli 42 · Auberginen-Rouladen 42 · Italienisches Bohnengemüse 43 · Kärntner Blumenkohl 43

**Eintöpfe und Aufläufe** 44
Bunte Risottopfanne 44 · Italienischer Linsentopf 44 · Gratin dauphinois 44 · Chili con carne 45 · Saftiger Speckauflauf 45 · Melanzane alla parmigiana (Auberginen mit Käse überbacken) 46 · Gnocchi verdi »Strangolapreti« (Spinatknödel mit Tomatensauce) 49

**Fleisch, raffiniert gewürzt** 50
Kalbshaxe mit viel Knoblauch 50 · Marinierte Lammkoteletts 50 · Geschmorte Lammhaxen 51 · Schweinebraten griechische Art 52 · Gespickter Schweinebraten in Biersauce 52 · Frikadellen Florentiner Art 53 · Spanisches Ochsenschwanzragout 53 · Schweinerippenbraten 54 · Hohe Rippe Mailänder Art 54

# Ein Wort zuvor

Als ich anfing, dieses Buch zu schreiben, habe ich eine dicke Knoblauchzwiebel an einem roten Faden über meinen Schreibtisch gehängt, nicht um böse Vampire zu verscheuchen, sondern als Talisman, damit das Werk gelingen möge.

Entweder schätzt man ihn sehr oder lehnt ihn völlig ab, den Knoblauch. Ob das letztere noch so ganz stimmt, bin ich mir nicht so sicher, denn sein glorreicher Sieg auch in unserer Alltagsküche ist nicht mehr aufzuhalten. Vorbei sind die Zeiten, als man mit höchstens einem halben Zehen die Salatschüssel oder Suppenterrine ausrieb, um nur einen Hauch balkanischen Aromas zu schnuppern und zu schmecken. Heute dürfen viele Gerichte kräftig nach Knoblauch schmecken, und viele Köche halten sich daran.

In Nordeuropa ist die reichliche Verwendung der im Volksmund auch als »Stinkerzwiebel« bezeichneten Knolle wegen ihres Geruchs noch nicht so populär wie in ganz Südeuropa und in ferneren Ländern, wo man unbekümmert großzügig mit dem Knoblauch umgeht. Selbst in den USA hat sich der Verbrauch in den letzten Jahren verzehnfacht und das vor allem dank der kleinen Stadt Gilroy an der kalifornischen Küste. Dort gedeiht südländisches Obst und Gemüse und vor allem das Zwiebelgewächs aufs Beste. Die Stadtväter kamen 1979 auf die Idee, zur Erntezeit ein Knoblauchfestival zu arrangieren. Neben vielen anderen Vergnügungen wurde auch ein Kochwettbewerb für knofelige Gerichte veranstaltet. Die ganze Stadt duftete, was einen bekannten Westernsänger zu dem Ausruf veranlaßte, »in Gilroy braucht man ein Steak nur auf die Wäscheleine zu hängen, um es zu würzen«.

Wer jemals in gelöster Ferienstimmung südländische Tafelfreuden genossen hat, ist auf den Geschmack gekommen und will nicht mehr darauf verzichten. Und warum sollten wir nicht öfter einmal auch mit ein wenig »Küchenduft« Ferienstimmung zaubern und unseren Alltag würzen? Was wäre eine Bouillabaisse, eine Paella, eine Ratatouille, fetter Lamm- oder Schweinebraten und viele pikante Saucen ohne diese bekömmliche Würzkraft? Wenn Sie eine abwechslungsreiche Küche mögen, kommen Sie um den Knoblauch nicht mehr herum.

Für diesen Küchenratgeber habe ich Rezepte aus vielen Regionen zusammengetragen, die Sie anregen sollen, köstlich duftende Gerichte nachzukochen. Übrigens, mindestens zwei Zehen pro Gericht müssen es bei mir schon sein, meistens greife ich sogar noch beherzter zu. Natürlich bleibt es Ihnen überlassen, die angegebene Menge nach Ihrem Geschmack zu reduzieren, wenn Sie noch etwas zaghaft sind.

Sie finden zunächst Anregungen für köstliche Vorspeisen, Snacks und Beilagen und allerlei Eingelegtes, dann geht es weiter mit reizvollen Rezepten für Suppen und Saucen, für pikante Nudelgerichte, Geflügel, Fisch und Meeresfrüchte. Für Bohnen, Zucchini, Broccoli und Auberginen ist Knoblauch ein Muß, mit dem der jeweilige Geschmack ganz besonders angenehm unterstützt wird. Rezepte für Eintöpfe und Aufläufe und raffiniert gewürzte Fleischgerichte, für die der Knoblauch das »Tüpfelchen auf dem i« ist, runden die Sammlung ab. Die prächtigen Farbfotos tragen sicher dazu bei, Ihnen den Mund zusätzlich wäßrig zu machen.

Darüberhinaus erfahren Sie etwas über die Geschichte dieser Knolle und darüber, was beim Einkauf zu beachten ist, über zweckmäßige Lagerung, was Knoblauch für unsere Gesundheit bedeutet, und wann er hilft und heilt. Sie finden auch Tips, mit deren Hilfe Sie nach dem Genuß geknofelter Speisen bei Ihren Mitmenschen nicht unangenehm auffallen. Zur Auflockerung möchte ich Ihnen ein paar Anekdoten nicht vorenthalten, die von der magischen Kraft des Knoblauchs berichten, bösen Zauber abzuwenden.

Allen Knoblauchfreunden und denen, die es werden wollen, sei dieses Buch auf das herzlichste gewidmet

*Ihre Gunhild von der Recke*

# Wissenswertes über Knoblauch

Vom Knoblauch, lateinischer Name Allium sativum, im Volksmund Magenzwiebel, Stinkerzwiebel, Knofel oder Kniefel genannt, hörte man schon vor 5000 Jahren. Seine Urheimat waren wahrscheinlich die Steppen Zentralasiens, wo er wild wuchs. China war dann das erste Land, in dem der Knoblauch kultiviert wurde. Von dort gelangte er über Indien nach Ägypten. Der griechische Geschichtsschreiber Herodot berichtete 448 v. Chr. aus dem Land der Pharaonen, daß die Sklavenheere, die die Cheopspyramiden bauten, ohne ihre tägliche Ration Knoblauch streikten. Durch den Verzehr fühlten sich die Männer nämlich stark und vor Infektionskrankheiten geschützt. Knoblauch fanden die Archäologen auch im Grab des ägyptischen Königs Tut-ench-Amun. In anderen ägyptischen Gräbern wurden Darstellungen von Priestern, die den Göttern Knoblauch als Opfer darbrachten, freigelegt.

Knoblauch wuchs auch in den zu den »Sieben Weltwundern« gerechneten berühmten hängenden Gärten der Königin Semiramis. Die Pflanze wurde von den Griechen und Römern in besonderen Knoblauchgärten angebaut. Griechische Kämpfer rüsteten sich ebenso mit hohen Dosen Knoblauch zum Kampf, wie später die römischen Legionäre; er sollte ihnen Kraft und Mut verleihen. Und schon Marco Polo berichtete in seinen Reiseerinnerungen von der vielseitigen Verwendungsmöglichkeit der Knolle. Die Kreuzfahrer lernten den Knoblauch im Heiligen Land schätzen. Nach den Kreuzzügen wurde er dann auch im Abendland so beliebt, daß man bei Banketten Verse auf ihn dichtete. Von den Mönchen waren es insbesondere die Benediktiner, die den Knoblauch in ihren Klostergärten anpflanzten, später übernahm dann auch das Volk den Anbau. Seit dem 13. Jahrhundert hat der Knoblauch in den Küchen Mitteleuropas seinen festen Platz. Er mußte sogar, laut einem Dokument aus dem Jahre 1344, als ein zu versteuerndes Gartenprodukt in der Steuererklärung aufgeführt werden.

### Gesundheit aus der duftenden Knolle

»Knoblauch ist des Bauers Apotheke«, diesen klassischen Satz habe ich in Siena gehört, wo es alter Brauch ist, zum Fest Johannes des Täufers in Öl gebackene Knoblauchzehen zu essen. Und wahrlich, die Heilkraft, die man der Knolle nachsagt, ist Legende. Sie soll fast alle Wehwehchen heilen, zumindest lindern – vom Asthma bis zum Zipperlein.

1971 wurden in einem zerstörten tibetanischen Kloster Tontafeln gefunden, auf denen ein altchinesisches Knoblauchrezept geschrieben stand. Eine UNESCO-Kommission übersetzte es in alle Weltsprachen, um es der Medizin des 20. Jahrhunderts zu erhalten und anzupassen. Ich möchte Ihnen das Rezept für die Mixtur nicht vorenthalten.

Zubereitung: 350 g Knoblauchzehen schälen und durch eine Knoblauchpresse drücken. Mit 300 g hochprozentigem reinen Alkohol mischen und in einem gut verschließbaren Gefäß 10 Tage lang an einem kühlen Ort stehen lassen. Durch ein Tuch pressen, in eine Flasche abfüllen und nach 3 Tagen mit der Kur beginnen.

| Tage | Frühstück | Mittagessen | Abendessen |
| --- | --- | --- | --- |
| 1 | 1 Tropfen | 2 Tropfen | 3 Tropfen |
| 2 | 4 Tropfen | 5 Tropfen | 6 Tropfen |
| 3 | 7 Tropfen | 8 Tropfen | 9 Tropfen |
| 4 | 10 Tropfen | 11 Tropfen | 12 Tropfen |
| 5 | 13 Tropfen | 14 Tropfen | 15 Tropfen |
| 6 | 15 Tropfen | 14 Tropfen | 13 Tropfen |
| 7 | 12 Tropfen | 11 Tropfen | 10 Tropfen |
| 8 | 9 Tropfen | 8 Tropfen | 7 Tropfen |
| 9 | 6 Tropfen | 5 Tropfen | 4 Tropfen |
| 10 | 3 Tropfen | 2 Tropfen | 1 Tropfen |

Danach täglich 3 × 25 Tropfen einnehmen, bis die ganze Menge verbraucht ist. Diese Kur nach 5 Jahren wiederholen. Soweit die alten Chinesen.

## Wissenswertes über Knoblauch

Heilanzeigen: Die Mixtur befreit den Organismus von Fett und Kalkschichten, fördert den Austausch der Materie, stärkt die Blutgefäße, verhindert Infarkte, Gehirnschlag sowie Tumorbildung. Das Sehvermögen wird verbessert und die Geräusche im Kopf verschwinden.

Seit das Interesse an natürlichen Heilverfahren und gesunder Ernährung zunimmt, beginnen auch Wissenschaftler sich der überlieferten Heilkunde unserer Vorväter zu erinnern und schenken seit geraumer Zeit dem Knoblauch wieder mehr Beachtung.

Der Hauptwirkstoff der Knoblauchzehen ist ein ätherisches Öl, das im Körper zu dem natürlichen Antibiotikum Allicin umgebaut wird. Es wirkt überall dort, wo sich im Körper eine Infektion abspielt, insbesondere im Magen und Darm. Es gilt als erwiesen, daß hier Knoblauch gegen Bakterien-, Pilz- und Wurmerkrankungen hilft. Die Wirkstoffe des Knoblauchs verbessern darüberhinaus den Fettstoffwechsel, regen den Gallenfluß an, stärken die Gefäßwände und verhindern die Bildung von Blutgerinnseln. Das beugt auf alle Fälle künftigen Altersbeschwerden vor, wenn sich auch eine bestehende Arterienverhärtung nicht mehr rückgängig machen läßt. Regelmäßig eingenommen fördert Knoblauch die Durchblutung und wirkt als sanfter Blutdrucksenker bei zu hohem Blutdruck. Nach einem Artikel der Mitgliederzeitschrift einer Krankenkasse soll er Wirkstoffe enthalten, »die sich mit den Schwermetallen (Cadmium) verbinden und es dem Körper so ermöglichen, diese Verbindungen auszuscheiden.«

### Knoblauch für Abergläubische

Höchstwahrscheinlich ist sein intensiver Geschmack und sein starker, beinahe penetranter Duft der Grund dafür, daß man dem Knoblauch Zauberkräfte zuschrieb und ihn als Vertreiber des »Bösen« schätzte. Auch heute noch hängen Bewohner ländlicher Gegenden geweihte Knoblauchzöpfe an die Haustüre, um Krankheiten auszusperren. In Rumänien war es Brauch, den Leichen vermeintlicher Vampire Knoblauchzehen in den Mund zu legen. Der Sage nach war nämlich Knoblauch für den berüchtigten Drakula das, was für den Teufel das Weihwasser ist.

Ich halte aufgrund eigener Erlebnisse wenig von der Zauberkraft der Knolle. In unserer Familie gibt es 3 Tanten, die uns, als wir noch Kinder waren, jeden Sonntagnachmittag besuchten. Wegen der vielen schlechten Erfahrungen, die wir mit ihnen gemacht haben, konnten wir sie nicht leiden und nannten sie deshalb Drakulas Töchter, denn in Hexen- und Vampirgeschichten kannten wir uns gut aus. Also bastelten wir Ketten aus Kastanien, Eicheln und viel Knoblauchzehen, legten sie uns um den Hals und umtanzten die Tanten wie wild mit dem festen Willen, sie ein für allemal zu vertreiben. Nichts da, sie fanden es reizend und erschienen in schöner Regelmäßigkeit nach wie vor. Seit diesem Intermezzo ziehe ich es vor, den Knoblauch nur noch zu verspeisen.

### Über Einkauf, Lagerung und Behandlung

Es gibt Knoblauch nicht nur als ganze Knollen zu kaufen, sondern auch als Pulver und als Essenzen. Diese »Handelsformen« sind bequem zu verwenden, doch Knoblauchzwiebeln haben unbestreitbar das beste Aroma.

Frischer Knoblauch schmeckt am besten, nämlich besonders mild und rund. Frische Knoblauchzwiebeln sehen ungefähr so aus wie die Frühlingszwiebeln und werden im Frühsommer auf den Märkten, in guten Gemüseläden und besonders in türkischen Geschäften angeboten. Ihre Farbe ist wollweiß, rosa bis violett, die Außenhaut frisch und saftig, der Stengel ist noch grün. Ganz junges kleingeschnittenes Knob-

## Wissenswertes über Knoblauch

lauchgrün ist eine feine Würze für Salate, Suppen und Gemüse. Sie können Quark damit anmachen, Kräuterbutter zubereiten oder es einfach, wie Schnittlauch, auf einem Butterbrot anrichten. Die frischen Zehen sollten Sie möglichst schnell verbrauchen oder geschält in Olivenöl einlegen. Sie halten sich dann gut bis zu 6 Monaten.

Im allgemeinen werden Knoblauchzehen bei uns schon getrocknet verkauft, das heißt die Häutchen, die die Zehen umgeben, sind trocken wie Pergament. Sie sind von guter Qualität, solange sie nicht gelblich aussehen. Befindet sich in der Zehe schon ein kleiner grüner Keim, hat die Knolle zu lange gelegen. Entfernen Sie den Keim, sonst schmeckt der Knoblauch unangenehm und bitter. Auch verfärbte Stellen sollten Sie herausschneiden.

Knoblauchzehen werden in der Regel geschält weiterverarbeitet. Werden sie zerkleinert an ein Gericht gegeben, schneidet man sie mit einem scharfen Messer quer oder der Länge nach in dünne Scheiben oder zum Spicken in Stifte. Schneiden und hacken Sie den Knoblauch auf einem Porzellanbrett oder verwenden Sie ein Holzbrettchen eigens für das Schneiden von Zwiebeln und Knoblauch. Die ätherischen Öle lassen sich nämlich aus dem Holz trotz eifrigen Schrubbens nie ganz entfernen. Die einfachste Art, Knoblauch zu zerkleinern, ist die mit Hilfe einer Knoblauchpresse aus Metall. Die geschälten Zehen kommen ganz in die Presse und werden einfach über dem Gericht ausgedrückt. Die Presse sollte sofort nach dem Gebrauch unter fließendem Wasser mit einer harten Bürste gereinigt werden. Eingetrockneter Knoblauch ist hartnäckig und mühsam zu entfernen. Schließlich tut auch ein Mörser aus Porzellan gute Dienste. In ihm lassen sich die Zehen zum Beispiel mit Kräutern, Sardellen oder auch nur mit Salz zerstoßen.

Und noch etwas: gibt man Knoblauch in zu heißes Fett, wird er schnell schwarz und bitter.

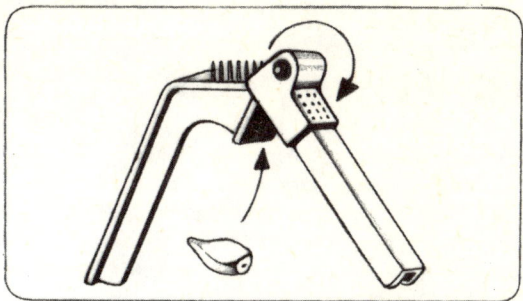

Die erste und eigentlich einzige Anschaffung für Knoblauch-Köche ist eine gut funktionierende Knoblauchpresse.

### Was tun gegen Knoblauchduft?

Ein bewährtes Mittel gegen den Geruch gibt es nicht, leider. Denn nicht nur der Atem verrät den Mitmenschen, was Sie gegessen haben, sondern das schwefelhaltige ätherische Öl des Knoblauchs wird durch die Haut aus allen Poren ausgeschieden. Gegen die »Knoblauchfahne« nach dem Genuß wird beispielsweise das Kauen von Petersilie, Wacholderbeeren, Korianderkörnern, Gewürznelken, Kaffeebohnen und Kaugummi empfohlen. Oder das Lutschen von Salmiak-, Menthol- oder Veilchenpastillen. Ein besonders sympathisches Mittel empfehlen die Provenzalen: Möglichst viel Rotwein trinken und Käse essen. Was Ihnen wirklich hilft, können Sie allerdings nur durch Ausprobieren herausfinden.

Die herzerfrischendste Antwort bekam ich bei einem Interview mit einen Topmanager, einem echten Knoblauchfan: »Wenn ich geknofelte Speisen gegessen habe, bekenne ich mich dazu, bitte meine Gesprächspartner, mir 3 Meter vom Leibe zu bleiben oder es mit Fassung zu ertragen.« Damit, meinte er, wäre den Besuchern der Wind aus den Segeln genommen und zugleich eine lockere Atmosphäre geschaffen. So einfach ist das!

# Vorspeisen, Snacks und Beilagen

## Eichblattsalat mit Austernpilzen

*Zutaten für 4 Personen:*
*1 kleiner Kopf Eichblattsalat · 500 g Austernpilze · 2–3 Knoblauchzehen · 2 Eßl. Weinessig · Salz · weißer Pfeffer, frisch gemahlen · 3 Eßl. Olivenöl · 50 g Butter*
Pro Person etwa 870 Joule/207 Kalorien

● Zubereitungszeit: 30 Minuten

So wird's gemacht: Den Eichblattsalat putzen, in einzelne Blätter teilen, waschen und trockenschleudern. Die Salatblätter dekorativ auf 4 Portionsteller verteilen. ● Die Austernpilze waschen und trockentupfen, große Pilze halbieren. Die Knoblauchzehen schälen und durch die Presse drücken. ● Aus dem Essig, Salz, Pfeffer und dem Öl eine Marinade rühren und über den Salat verteilen. ● Die Butter in einer Pfanne zerlassen und die Pilze mit dem Knoblauch darin 5 Minuten bei schwacher Hitze unter Wenden braten, salzen und pfeffern und auf dem Salat anrichten.

## Bagna caôda
Heiße Sauce

Wörtlich übersetzt heißt die Sauce aus dem Piemont »Heißes Bad«. Sie wird wie beim Käsefondue in einem Keramiktopf auf einem Rechaud mitten auf den Tisch gestellt. Jeder Gast taucht rohes, geputztes, in mundgerechte Stücke zerteiltes Gemüse in die heiße Sauce.

*Zutaten für 4–6 Personen:*
*8 große Knoblauchzehen · 100 g Sardellenfilets · 75 g Butter · ¼ l Olivenöl*
Pro Person etwa 1795 Joule/425 Kalorien

● Zubereitungszeit: 1 Stunde

So wird's gemacht: Die Knoblauchzehen schälen und in sehr feine Scheiben schneiden. Die Sardellenfilets abspülen, trockentupfen, feinhacken oder im Mörser zerstoßen. ● Die Butter in einem Fonduetopf bei schwacher Hitze schmelzen lassen. Den Knoblauch einrühren und in etwa 15 Minuten sehr weich werden lassen. ● Das Öl dazugießen und die Sardellen unterrühren. Alles 10 Minuten ziehen, aber nicht kochen lassen. ● Die Sauce mit vorbereitetem Gemüse servieren und auf einem Rechaud warm halten.

Das paßt dazu: Bleichsellerie, Blumenkohl, Broccoli, Karotten, Paprikaschoten, junge Wirsingblätter und Gurke. Auch Grissini eignen sich gut zum Einstippen.

## Gratinierte Tomaten
Bild nebenstehend

Die gebackenen Tomaten nach der Art von Bari werden warm oder kalt als Vorspeise serviert. Heiß aus dem Ofen schmecken sie auch zu kurzgebratenem Fleisch.

*Zutaten für 4 Personen:*
*8 mittelgroße Tomaten · 1 Bund Petersilie · 2 Stengel Basilikum · 2 Knoblauchzehen · 50 g frischgeriebener Parmesankäse oder Pecorino · 4 Eßl. Semmelbrösel · Salz · Pfeffer · 4 Eßl. Olivenöl*
*Für die Form: Olivenöl*
Pro Person etwa 1100 Joule/260 Kalorien

Aus dem Süden Italiens kommt diese italienische Vorspeise. Gratinierte Tomaten können warm oder kalt serviert werden. Rezept auf dieser Seite. ▷

## Vorspeisen, Snacks und Beilagen

- Zubereitungszeit: 35 Minuten

So wird's gemacht: Die Tomaten waschen, abtrocknen und quer halbieren. Die Petersilie und das Basilikum waschen, trockentupfen, von groben Stengeln befreien und feinhacken. Die Knoblauchzehen schälen und sehr fein hakken. • Eine flache feuerfeste Form mit Öl ausstreichen. Den Backofen auf 225° vorheizen. • Die Kräuter mit dem Knoblauch, dem geriebenen Käse und den Semmelbröseln in einer Schüssel mischen. Mit Salz und Pfeffer würzen und etwa die Hälfte des Öls unterrühren. • Die Tomaten mit der Schnittfläche nach oben nebeneinander in die Form setzen, salzen und dick mit der Masse bestreichen. Das restliche Öl darüberträufeln. Im Ofen 20–25 Minuten überbacken, bis sich eine goldbraune Kruste gebildet hat.

## Tsatsikji

Griechischer Gurkensalat

Der griechische Gurkensalat mit viel Joghurt ist erfreulich kalorienarm und außerdem herrlich erfrischend an heißen Sommertagen.

*Zutaten für 4 Personen:*
*1 mittelgroße Salatgurke · 1 Zwiebel · 1 Bund Dill · 3 Knoblauchzehen · 2 Becher Joghurt · 200 g Quark (20% Fettgehalt) · 1½ Eßl. Olivenöl · 1 Teel. Weinessig · Salz · weißer Pfeffer, frisch gemahlen*
Pro Portion etwa 710 Joule/170 Kalorien

◁ Diese würzige Fenchel-Vorspeise sollte immer zimmerwarm serviert werden, weil sie dann am besten schmeckt. Rezept Seite 14.

- Zubereitungszeit: 20 Minuten
- Ruhezeit: 1 Stunde

So wird's gemacht: Die Gurke schälen, der Länge nach halbieren und die Kerne mit einem spitzen Löffel herauskratzen. Die Gurkenhälften in kleine Würfel schneiden. • Die Zwiebel schälen und feinhacken. Den Dill waschen, trockentupfen, von groben Stengeln befreien und kleinschneiden. Die Knoblauchzehen schälen, sehr fein hacken oder durch die Presse drücken. • Den Joghurt mit dem Quark, 1 Eßlöffel Öl und dem Essig cremig rühren. Die Zwiebel, den Knoblauch und den Dill hinzufügen. Die Gurkenwürfel untermischen. Mit Salz und Pfeffer abschmecken. • Die Mischung in eine Servierschüssel füllen und zugedeckt 1 Stunde im Kühlschrank durchziehen lassen. • Vor dem Servieren noch einmal durchrühren und mit dem restlichen Öl beträufeln.

Paßt gut zu: gegrilltem Fleisch. Oder als Vorspeise mit frischem Weißbrot servieren.

## Bruschetta

Weißbrot mit Knoblauch und Olivenöl

Die geknofelten Weißbrotscheiben, eine Spezialität aus den Abruzzen, werden in manchen Gasthäusern Italiens vom Wirt als unentgeltlicher Willkommensschmaus gereicht, ehe man noch das Menü bestellt hat.

*Zutaten für 4 Personen:*
*2 Knoblauchzehen · 8 dicke Scheiben Weißbrot · kaltgepreßtes Olivenöl · Salz · weißer Pfeffer, frisch gemahlen*
Pro Person etwa 1130 Joule/270 Kalorien

- Zubereitungszeit: 15 Minuten

## Vorspeisen, Snacks und Beilagen

So wird's gemacht: Die Knoblauchzehen schälen und durch die Presse drücken. Die Brotscheiben toasten oder im Backofen von beiden Seiten goldbraun rösten. Das Brot mit dem Knoblauch bestreichen, salzen und pfeffern und mit Olivenöl reichlich beträufeln. Sofort heiß servieren.

## Knoblauchbrot vom Grill

Bei einem sommerlichen Grillfest ist das Knoblauchbrot eine ideale Beigabe. Sie können es in Alufolie eingewickelt am Rande des Holzkohlengrills in etwa 45 Minuten backen.

*Zutaten für 8 Personen:*
*125 g weiche Butter · 3 Knoblauchzehen · Salz ·*
*1 großes Stangenweißbrot*
Pro Person etwa 1050 Joule/250 Kalorien

● Zubereitungszeit: etwa 25 Minuten

So wird's gemacht: Die Butter in eine kleine Schüssel geben. Die Knoblauchzehen schälen und durch die Presse dazudrücken, eine Prise Salz hinzufügen. Alles cremig rühren. ● Das Brot im Abstand von 2–3 cm schräg einschneiden und die Schnittflächen mit der Knoblauchbutter bestreichen. ● Das Brot in Alufolie einwickeln und im Backofen bei 200°–220° auf der mittleren Schiene etwa 15 Minuten backen. ● Heiß in Portionsstücke geschnitten als Beilage servieren.

**Variante:** 3 große Knoblauchzehen schälen, feinhacken und in einer kleinen Pfanne mit 150 g gesalzener Butter erhitzen, nicht braun werden lassen. 1 großes Stangenweißbrot längs aufschneiden, auf ein Backblech legen, mit der Knoblauchbutter einstreichen und im Backofen goldbraun backen.

Paßt gut zu: gegrillten Steaks und Koteletts

## Supersnacks

»Super« meinten die Gäste, als ich ihnen zum Einstimmen die Knoblauchtoasts servierte. Auch am nächsten Tag kamen keine Reklamationen. Reichen Sie einen kräftigen Rotwein dazu.

*Zutaten für etwa 25 Toasts:*
*50 g Sardellenfilets · 25 große Knoblauchzehen ·*
*1 Bund Petersilie · 1 Eßl. weiche Butter · 4 Eßl.*
*Olivenöl · Tabascosauce · 1 Stangenweißbrot*
Pro Stück etwa 285 Joule/70 Kalorien

● Zubereitungszeit: 40 Minuten

So wird's gemacht: Die Sardellenfilets abspülen, mit Küchenkrepp trockentupfen und kleinschneiden. Die Knoblauchzehen schälen und quer in etwa 3 mm dünne Scheiben schneiden, die Enden beiseite legen. Die Petersilie waschen, trockenschleudern, von groben Stengeln befreien und feinhacken. ● Die Sardellen in einen Mörser geben, die Knoblauchenden durch die Presse dazudrücken, die Petersilie, die Butter und 1 Eßlöffel Öl hinzufügen und alles zu einer glatten Masse verarbeiten. Mit Tabascosauce abschmecken. Die Mischung kühl stellen. ● Den Backofen auf 220° vorheizen. ● Das Stangenweißbrot in etwa 1 cm dicke Scheiben schneiden und auf dem Backblech im Ofen goldgelb rösten. ● Das restliche Öl in einer Pfanne heiß werden lassen und die Knoblauchscheiben darin unter häufigem Wenden goldgelb braten. ● Die gerösteten Brotscheiben mit der Sardellenpaste bestreichen und den gebratenen Knoblauchscheiben garnieren.

**Variante: Provenzalischer Toast**
8 Knoblauchzehen und 6 Sardellenfilets zerkleinern und mit 1 kleinen, gehackten Zwiebel, 1 Eßlöffel gehackter Petersilie, 1 Teelöffel feingehackten, frischen Basilikumblättern und 1 Prise getrocknetem Thymian im Mörser zerstampfen.

## Vorspeisen, Snacks und Beilagen

Nach und nach 4 Eßlöffel Olivenöl und 1 Eßlöffel Weinessig dazugeben und alles zu einer geschmeidigen Paste verarbeiten. Die Masse auf Toastbrot streichen, mit hartgekochtem feingehacktem Eigelb von 1 Ei bestreuen und im Backofen kurze Zeit überbacken. Die Menge reicht für 4 Personen.

Das paßt dazu: kräftiger Rotwein

## Marinierte Pilze auf griechische Art

*Zutaten für 8 Personen:*
*8 Knoblauchzehen · 1 kleine Petersilienwurzel · 3 Tassen Hühnerbrühe · 1 Tasse trockener Weißwein · 1 Tasse Olivenöl · Saft von 1 Zitrone · 1 Teel. Salz · 10 schwarze Pfefferkörner · 1 Teel. getrockneter Thymian · 500 g frische kleine Champignons · 1 Bund Petersilie*
Pro Person etwa 625 Joule/150 Kalorien

- Zubereitungszeit: 1 Stunde
- Kühlzeit: 2 Stunden

So wird's gemacht: Die Knoblauchzehen schälen und feinhacken. Die Petersilienwurzel schälen und waschen. • Die Hühnerbrühe in einem Topf mit dem Weißwein, dem Öl, dem Zitronensaft und dem Salz unter Rühren erwärmen. • Den Knoblauch, die Petersilienwurzel, die Pfefferkörner und den Thymian hinzufügen und die Marinade bei mittlerer Hitze 45 Minuten kochen lassen. • Die Pilze waschen, putzen und abtropfen lassen. • Die Marinade in einen zweiten Topf seihen, die Pilze hineingeben und 10 Minuten köcheln lassen. • Die Champignons im Sud abkühlen lassen und zugedeckt knapp 2 Stunden im Kühlschrank ziehen lassen. • Die Petersilie waschen, trockentupfen, von groben Stengeln befreien und feinhacken. • Die Pilze mit dem Schaumlöffel aus der Marinade heben, auf einer Platte oder Portionstellern anrichten und mit der Petersilie bestreuen.

## Marinierte Zucchini

Sie können diese Zucchini im Kühlschrank mehrere Tage aufbewahren, sollten sie jedoch stets zimmerwarm als Vorspeise oder Beilage zu Fleisch servieren.

*Zutaten für 8 Personen:*
*750 g Zucchini · 3 Knoblauchzehen · 1 Bund Petersilie · 7 Eßl. Olivenöl · Salz · 1 Prise Cayennepfeffer · 2 Eßl. Weinessig*
Pro Person etwa 355 Joule/85 Kalorien

- Zubereitungszeit: 35 Minuten
- Marinierzeit: 2 Tage

So wird's gemacht: Die Zucchini waschen, abtrocknen und in 2–3 mm dicke Scheiben schneiden, dabei die Enden entfernen. Die Fruchtscheiben auf ein Tuch geben und antrocknen lassen. • Die Knoblauchzehen schälen und feinhacken. Die Petersilie waschen, trockentupfen, von groben Stengeln befreien und feinhacken. • 5 Eßlöffel Öl in einer weiten Pfanne erhitzen und die Zucchinischeiben darin portionsweise auf beiden Seiten hellbraun braten. In eine Schüssel schichten, dabei jede Lage mit Salz, einer Spur Cayennepfeffer, einem Teil des Knoblauchs, der Petersilie und des Weinessigs würzen. Das restliche Öl darüberträufeln. Auf das Gemüse einen Teller legen, mit einem Gewicht beschweren und 2 Tage im Kühlschrank marinieren lassen.

Paßt gut zu: kaltem Braten, Schinken oder Aufschnitt, dazu Stangenweißbrot

## Vorspeisen, Snacks und Beilagen

## Fenchel-Vorspeise
Bild Seite 10

*Zutaten für 4 Personen:*
*4 mittelgroße Fenchelknollen ·*
*2 Knoblauchzehen · 1 Bund Petersilie · 2 Tassen Wasser · 2 Tassen trockener Weißwein · 6 Eßl. Olivenöl · 1 Lorbeerblatt · 1 Prise getrockneter Oregano · Salz · schwarzer Pfeffer, frisch gemahlen · 1 Prise Zucker · ½ Bund Basilikum*
Pro Person etwa 970 Joule/230 Kalorien

- Zubereitungszeit: 45 Minuten
- Marinierzeit: etwa 3 Stunden

So wird's gemacht: Vom Fenchel die Stiele und die Wurzelansätze abschneiden, unschöne Stellen an den Außenblättern entfernen. Die Knollen gründlich waschen und der Länge nach in 8 Scheiben schneiden. In kochendem Wasser 5 Minuten blanchieren, dann abtropfen lassen. • Die Knoblauchzehen schälen und feinhacken. Die Petersilie waschen und trockenschleudern. • Den Fenchel in einen Topf geben, das Wasser, den Wein, das Öl, den Knoblauch, die Petersilie, das Lorbeerblatt und den Oregano hinzufügen. Mit Salz, Pfeffer und dem Zucker würzen. Alles zugedeckt bei schwacher Hitze 15–20 Minuten kochen lassen, bis das Gemüse bißfest ist. • Das Basilikum waschen, trockentupfen und die Blätter kleinschneiden. • Den gekochten Fenchel mit dem Schaumlöffel aus dem Topf nehmen und gut abgetropft in eine flache Schüssel geben. • Den Sud bei starker Hitze gut zur Hälfte einkochen lassen, dann durchseihen. Den Fenchel mit 4 Eßlöffeln Sud beträufeln und mit dem Basilikum bestreuen. Gut durchmischen und 3–4 Stunden im Kühlschrank zugedeckt ziehen lassen. • 30 Minuten vor dem Servieren aus dem Kühlschrank nehmen.

Das paßt dazu: Stangenweißbrot

## Muscheln in Tomatensauce

*Zutaten für 4 Personen:*
*2 kg Miesmuscheln · ⅛ l trockener Weißwein ·*
*⅛ l Wasser · 4 große Fleischtomaten · 1 Zwiebel ·*
*4 Knoblauchzehen · 2 Eßl. Olivenöl ·*
*1 Lorbeerblatt · 1 Teel. getrockneter Oregano ·*
*Salz · Pfeffer, frisch gemahlen*
Pro Person etwa 700 Joule/170 Kalorien

- Zubereitungszeit: 1 Stunde

So wird's gemacht: Die Muscheln unter fließendem Wasser mit einer harten Bürste abschrubben, die Bärte entfernen, geöffnete Muscheln unbedingt wegwerfen. • Die Muscheln in einen hohen Topf geben, mit dem Weißwein und dem Wasser übergießen und etwa 8 Minuten unter mehrmaligem Schütteln des geschlossenen Topfes kochen lassen. Das Fleisch aus den Schalen lösen und beiseite stellen. Geschlossene Muscheln wegwerfen. • Die Tomaten mit heißem Wasser überbrühen, enthäuten und kleinschneiden, dabei die Stengelansätze entfernen. Die Zwiebel und die Knoblauchzehen schälen und feinhacken. • Das Öl in einem Topf erhitzen, die Zwiebel und die Knoblauchzehen darin hellgelb werden lassen. Die Tomaten hineinrühren, das Lorbeerblatt und den Oregano hinzufügen. Alles unter gelegentlichem Rühren bei schwacher Hitze einkochen. • Die Sauce mit Salz und Pfeffer würzen, das Lorbeerblatt entfernen, das Muschelfleisch hineingeben und 2 Minuten ziehen lassen. Abgekühlt servieren.

**Variante:** Die Muschelsauce auf Bauernbrotscheiben streichen, dick mit frischgeriebenem Emmentaler oder Gouda und kleingeschnittenem Schnittlauch bestreuen. Unter dem Grill etwa 4 Minuten überbacken.

# Allerlei Eingelegtes

## Eingelegte Paprikaschoten

Titelbild

*Zutaten:*
*je 1 kg rote und gelbe Paprikaschoten · ¾ l trockener Weißwein · ½ l Weinessig · 8 Knoblauchzehen · 2 Stengel Thymian · etwa ¾ l bestes Olivenöl (extra vergine)*
Mit dem Öl insgesamt etwa 26485 Joule/ 6300 Kalorien

• Zubereitungszeit: 30 Minuten

So wird's gemacht: Die Paprikaschoten waschen, vierteln, die Kerne und weißen Rippen herausschneiden. Die Paprikaviertel ineinandergeschichtet in einen Topf legen. Den Wein und den Essig darübergießen und zum Kochen bringen. Im geschlossenen Topf 5 Minuten köcheln lassen. • Die Knoblauchzehen schälen und in nicht zu dünne Scheiben schneiden. Den Thymian waschen und trockentupfen. • Die Paprikaschoten abgießen, abtropfen lassen und noch heiß abwechselnd mit dem Knoblauch in ein 1½ l Glas schichten, den Thymian hinzufügen. So viel Olivenöl darübergießen, bis das Gemüse bedeckt ist. Mit Einmach-Cellophan verschließen. Mindestens 3 Tage durchziehen lassen. Sie halten sich im Kühlschrank 6 Wochen.

## Champignons in Öl

*Zutaten:*
*500 g frische kleine Champignons · 1 Bund Dill · ⅔ l Wasser · ⅓ l Weinessig · 1 Teel. getrockneter Thymian · 1 Lorbeerblatt · 1 Teel. Salz · 5 Knoblauchzehen · Olivenöl*
Insgesamt etwa 7930 Joule/1890 Kalorien

• Zubereitungszeit: 40 Minuten

So wird's gemacht: Die Champignons waschen, putzen und abtropfen lassen. Den Dill abbrausen. • Das Wasser mit dem Essig, dem Dill, dem Thymian, dem Lorbeerblatt und dem Salz aufkochen. Die Champignons hineingeben und 5 Minuten im Sud kochen. Den Topf vom Herd nehmen und die Pilze 20 Minuten zugedeckt ziehen lassen. • Den Knoblauch schälen und jede Zehe in 4 Stifte schneiden. Die Pilze in ein Sieb abgießen, abtropfen und auskühlen lassen. Den Dill und das Lorbeerblatt entfernen. Die Champignons abwechselnd mit den Knoblauchstiften in ein sauberes Glas füllen. So viel Olivenöl dazugießen, bis die Pilze bedeckt sind. Das Glas mit Einmach-Cellophan verschließen.

Paßt gut zu: Fleischfondue, Tafelspitz, kaltem Fleisch oder auf einen Vorspeisenteller italienischer Art

**Mein Tip** Gut verschlossen im Glas, an einem kühlen Platz aufbewahrt, halten sich die Pilze 3–4 Monate.

## Eingelegte Oliven

Oliven und Knoblauch sind eine ideale Verbindung. Zum ersten Mal mit dieser Kombination Bekanntschaft gemacht habe ich, als bei einer hochoffiziellen Party unter anderem Oliven zum Cocktail gereicht wurden. Der Hausherr, ein ausgesprochener Liebhaber der duftenden Knolle, hatte die Mandelstücke in den gefüllten Oliven durch frische Knoblauchstifte ersetzt. Die Verblüffung war perfekt. Viele Gäste rümpften die Nase, einige wenige griffen mehrmals herzhaft zu. Es war jedenfalls das lustigste offizielle Fest,

## Allerlei Eingelegtes

das ich je erlebte. Zur Nachahmung nicht unbedingt zu empfehlen und wenn schon, dann sollten die Zehen vorher durch Blanchieren entschärft werden. Es gibt aber sanftere Rezepte, die Olivenliebhabern durchaus zusagen werden.

Eingelegte Oliven halten sich kühl und dunkel aufbewahrt mindestens 2 Wochen. Bei längerer Lagerung müssen die Früchte ganz mit Lake, Essig oder Öl bedeckt sein, dann halten sie sich bis zu ½ Jahr frisch.

*Zutaten:*
*500 g schwarze Oliven · 4–6 Knoblauchzehen ·*
*4 Lorbeerblätter · 1 Teel. Rosmarinnadeln ·*
*½ l Rotweinessig*
*Insgesamt 9100 Joule/2170 Kalorien*

● Zubereitungszeit: 20 Minuten

So wird's gemacht: Die Oliven abtropfen lassen. Den Knoblauch schälen, die Hälfte der Zehen in Scheiben schneiden. ● Die Oliven abwechselnd mit den Lorbeerblättern, dem Rosmarin und den Knoblauchscheiben in ein Glas mit Schnappverschluß schichten. Die restlichen Knoblauchzehen durch die Presse drücken und mit dem Essig verrühren. Den Knoblauchessig über die Oliven gießen. Das Glas verschließen und mindestens 2 Tage stehen lassen.

**Variante: Römische Oliven**
500 g grüne Oliven abtropfen lassen und mehrmals einstechen. 4 Knoblauchzehen schälen und feinhacken. 2 getrocknete Peperonischoten (scharfe Paprikaschoten) und 1 Bund Petersilie feinhacken. Alle Zutaten in einer Schüssel mit 1 knappen Tasse Olivenöl gut mischen. Zugedeckt mindestens 12 Stunden durchziehen lassen.

**Variante: Provenzalische Oliven**
350 g schwarze oder grüne Oliven abtropfen lassen, mit einer spitzzinkigen Gabel mehrmals einstechen. 2 Knoblauchzehen schälen, durch die Presse in eine Schüssel drücken und mit gut ½ Tasse Olivenöl verrühren. Je 1 Prise getrockneten Thymian, Rosmarin, Salbei, getrocknetes Basilikum und ein kleines zerrebbeltes Lorbeerblatt hinzufügen. Die Oliven mit dem Kräuteröl mischen und mindestens 12 Stunden zugedeckt durchziehen lassen.

**Variante: Kalifornische Oliven**
400 g entsteinte schwarze Oliven abtropfen lassen. 4 Knoblauchzehen schälen und feinhacken. Die Oliven und den Knoblauch in einer Schüssel mit 1 Teelöffel getrocknetem Oregano und 6 Eßlöffeln Olivenöl mischen. Mindestens 4 Stunden im Kühlschrank ruhen lassen, aber zimmerwarm servieren.

**Variante: Heiße Oliven**
500 g reife schwarze, möglichst dicke Oliven mit ihrer Lake in eine Schüssel geben. 2–3 Knoblauchzehen schälen und dazupressen. Umrühren und zugedeckt 4 Tage kühl ziehen lassen. Die Oliven abgießen, die Flüssigkeit auffangen, die Hälfte davon abmessen und die gleiche Menge Olivenöl hinzufügen. Die Oliven in einen Topf geben, mit der Mischung übergießen und erhitzen. Die Oliven heiß mit Holzspießchen servieren.

Paßt gut zu: Fisch, Fleisch, hartgekochten Eiern, frischem Weißbrot oder zum Cocktail. Sie passen auf ein kaltes Buffet oder einen gemischten Vorspeisenteller.

# Knoblauch in Öl

Frischer Knoblauch schmeckt am besten. Sie sollten ihn allerdings schnell verbrauchen. Wenn Sie ihn lagern wollen, ist er in gutem Öl eingelegt optimal aufgehoben und hält sich bis zu 6 Monaten. Die Knoblauchzehen schälen, in ein gut verschließbares Gefäß geben und mit so viel Olivenöl übergießen, bis die Zehen bedeckt sind. Verbrauchtes Öl kann nachgegossen werden. Nach und nach den Knoblauch zum Kochen und das Öl zum Braten, Kochen und für Salatsaucen verwenden. Das ist die einfachste Art.

**Variante: Würziger Knoblauch in Öl**
*Zutaten:*
*20 frische Knoblauchzehen · ½ l Wasser ·*
*⅛ l Weinessig · 1 Eßl. Salz · 1 Eßl. Zucker ·*
*4 getrocknete Peperonischoten (scharfe Paprikaschoten) · 1 Zweig Rosmarin ·*
*2 Lorbeerblätter · ¼ l Olivenöl*
Mit dem Öl insgesamt: 8150 Joule/1940 Kalorien

● Zubereitungszeit: 40 Minuten

So wird's gemacht: Die Knoblauchzehen schälen. Das Wasser mit dem Essig, dem Salz, dem Zucker, den ganzen Peperonischoten und dem Rosmarin aufkochen. Die Knoblauchzehen hinzufügen und 5 Minuten mitköcheln lassen. ● Den Sud durch ein Sieb abgießen. Die Knoblauchzehen herausnehmen und auf Küchenkrepp trocknen lassen. ● Die Zehen mit den Lorbeerblättern in ein gut verschließbares Glas schichten, leicht durchschütteln und mit dem Olivenöl auffüllen. Das Glas verschließen und kühl aufbewahren.

**Variante: Knoblauch in Öl provenzalische Art**
15 geschälte Knoblauchzehen in einem Sud von ½ l Wasser, ⅛ l Essig und 1 Eßlöffel Salz 5 Minuten kochen lassen. Abseihen und die Zehen auf Küchenkrepp trocknen lassen, dann mit je 1 kleinen Zweig Thymian und Oregano und einer Prise Kümmel in ein Glas schichten. Leicht durchschütteln, ¼ l Olivenöl darübergießen. Das Glas gut verschließen und an einem kühlen Platz aufbewahren.

**Variante: Knoblauch mit Oliven in Wein**
Die Zehen von 5 Knoblauchzwiebeln schälen. 1 Teelöffel weiße Pfefferkörner im Mörser grob zerdrücken. ½ l trockenen Weißwein mit dem Saft von ½ Zitrone, 1 Teelöffel Salz, 1 guten Prise Zucker, 1 Zweig Thymian und dem Pfeffer aufkochen. Die Knoblauchzehen einlegen und 10 Minuten bei schwacher Hitze kochen lassen. Nach 5 Minuten 100 g schwarze Oliven hinzufügen, beides im Sud erkalten lassen. Die Zehen und die Oliven in ein Glas schichten, etwa ⅛ l Sud dazuseihen und mit ⅛ l Olivenöl bedecken. Das Glas verschließen. Kühl aufbewahren und mindestens 1 Woche durchziehen lassen. Haltbarkeit 4–5 Wochen.

Alle eingelegten Knoblauchzehen schmecken gut zu frischen Salaten, Kartoffelsalat, Aufschnittplatten oder zu gebuttertem Bauernbrot und Toast.

# Knoblauchbutter

*Zutaten:*
*2 Bund Petersilie · 4 Knoblauchzehen · 125 g weiche Butter · etwa ½ Teel. Salz · 1 Teel. Zitronensaft*
Insgesamt etwa 4110 Joule/980 Kalorien

● Zubereitungszeit: 15 Minuten

So wird's gemacht: Die Petersilie waschen, trockentupfen, von groben Stengeln befreien und feinhacken. Die Knoblauchzehen schälen und durch die Presse in eine kleine Schüssel drücken. Mit der Butter, dem Salz und dem Zitronensaft cremig rühren. ● Die Petersilie hinzufügen und kräftig unterrühren. ● Die Knoblauchbutter zu einer Rolle formen, in Alufolie einwickeln und im Kühlschrank fest werden lassen. In Scheiben aufgeschnitten servieren.

## Allerlei Eingelegtes

Paßt gut zu: Steaks, Hammelkoteletts, Fisch, Schnecken, neuen Kartoffeln und frisch gekochten Nudeln

> **Mein Tip** Verrühren Sie die Knoblauchbutter zusätzlich mit etwas feingehacktem Dill oder Basilikum.

## Grüne Knoblauchbutter

Wenn Sie im Frühsommer auf dem Markt den ganz jungen Knoblauch sehen, greifen Sie zu. Er schaut aus wie dünne Lauchzwiebeln und schmeckt sehr mild. Mit dem feingehackten zarten Knoblauchgrün können Sie Quark, Dips und Salatsaucen würzen.

*Zutaten:*
*2 hartgekochte Eier · 125 g weiche Butter · Salz · grober schwarzer Pfeffer, frisch gemahlen ·*
*4–5 Stengel Knoblauchgrün*
Insgesamt 4630 Joule/1100 Kalorien

- Zubereitungszeit: 25 Minuten

So wird's gemacht: Die Eier schälen, das Eigelb herauslösen. • Das Eigelb durch ein Sieb in eine Schüssel streichen und mit der Butter cremig rühren. Mit Salz und Pfeffer würzen. • Das Knoblauchgrün waschen, trockentupfen und sehr fein hacken. Das hartgekochte Eiweiß feinhacken. Beides unter die Buttermischung rühren. Die Knoblauchbutter zu einer Rolle formen, in Alufolie wickeln und im Kühlschrank fest werden lassen. In Scheiben geschnitten servieren.

Paßt gut zu: kurzgebratenem Fleisch und Pellkartoffeln. Oder als Brotaufstrich verwenden.

## Knoblauch-Salatöl

*Zutaten:*
*4 frische Knoblauchzehen · 1 gute Prise Salz ·*
*½ l Olivenöl*
Insgesamt 15 120 Joule/3600 Kalorien

- Zubereitungszeit: 5 Minuten
- Ruhezeit: 1 Woche

So wird's gemacht: Die Knoblauchzehen schälen, zwischen 2 Brettchen legen und leicht zerdrücken. Die angedrückten Zehen in eine kleine Schüssel geben und mit dem Salz bestreuen. Zugedeckt so lange stehen lassen, bis sich das Salz aufgelöst hat. • Den Knoblauch mit dem Saft in eine Flasche geben und mit dem Öl auffüllen. Gut verkorken und 1 Woche ziehen lassen. • Das Öl durch ein Sieb gießen und in eine Flasche füllen. Nicht zu kühl aufbewahren. Das Salatöl hält sich mindestens 2 Monate.

> **Mein Tip** Olivenöl darf nicht zu kalt aufbewahrt werden, bei einer Temperatur von 6° setzen sich bereits weiße Flocken aus festen Fetten ab.

**Variante: Rosmarinöl**
8 geschälte Knoblauchzehen durch die Presse in ein Glas mit weiter Öffnung drücken. Die Nadeln von 5 Rosmarinzweigen abzupfen, mit dem Wiegemesser zerkleinern und mit 1 Eßlöffel

Südamerikanischen Ursprungs ist dieses feurige Chili con carne, das leicht gelingt und hervorragend schmeckt. Rezept Seite 45. ▷

## Allerlei Eingelegtes

grobgestoßenen schwarzen Pfefferkörnern zum Knoblauch geben. Mit 1 l Sojaöl auffüllen, durchrühren und verschlossen 1 Woche ruhen lassen. Durch ein feuchtes Tuch abgießen und das Öl in 2 Flaschen abfüllen, jeweils 1 kleinen Rosmarinzweig hineinstecken.

**Variante: Italienisches Knoblauchöl**
10 geschälte Knoblauchzehen der Länge nach halbieren und mit 5–7 getrockneten Peperonischoten (scharfen Paprikaschoten) in eine Flasche geben. Mit ⅜ l Olivenöl auffüllen. Vor Gebrauch eine Woche ziehen lassen. Verbrauchtes Öl kann nachgefüllt werden.

Alle Würzöle eignen sich zum Schmoren südländischer Gemüse, zum Braten von Schweine- und Lammfleisch, zum Mischen mit frischgekochten Nudeln und zum Zubereiten pikanter Saucen.

# Knoblauchessig

Es gibt viele Rezepte für hausgemachten Knoblauchessig, einige davon möchte ich Ihnen hier vorstellen. Sie werden selbst herausfinden, welche Machart und welcher Geschmack Ihnen am meisten zusagt. Sicherlich kommen Ihnen dabei auch Ideen für eigene Kreationen. Eines steht fest, Knoblauchessig gibt Salaten aller Art das »gewisse Etwas«.

*Zutaten:*
*15 Knoblauchzehen · 0,7 l Weinessig*

So wird's gemacht: Die Knoblauchzehen schälen, der Länge nach halbieren und in eine Flasche geben. Mit dem Weinessig auffüllen und vor dem Verbrauch gut eine Woche verschlossen ruhen lassen.

**Variante: Würzessig**
15–20 Knoblauchzehen schälen und abwechselnd mit kleinen oder halbierten Lorbeerblättern auf Holzspießchen stecken. Die Spießchen in eine Flasche mit weiter Öffnung geben, 5–10 getrocknete Peperonischoten hinzufügen und mit etwa 1 Liter einfachem Haushaltsessig auffüllen. Vor dem Verbrauch 3–4 Wochen kühl und dunkel aufbewahren. Je länger der Essig steht, desto intensiver wird der Geschmack. Der Würzessig hält sich mindestens ½ Jahr. Verbrauchter Essig kann immer wieder durch frisch nachgefüllten ersetzt werden.

**Variante: Normannischer Essig**
Etwa 30 Knoblauchzehen schälen, in einen Topf geben und mit 1 l Apfel- oder Weinessig, 2 Lorbeerblättern, 1 Zweig Thymian und 1 dicken Stengel Petersilie aufkochen und weitere 2 Minuten köcheln lassen. Die Mischung etwas abkühlen lassen, die Lorbeerblätter, den Thymian und die Petersilie entfernen. Den Knoblauch mit dem Essig in ein gut verschließbares Glas füllen und vor dem ersten Gebrauch 4 Wochen ziehen lassen. Den Essig sparsam zu Salatsaucen verwenden. Die Zehen schmecken gut zu kaltem Fleisch, gegrilltem Fisch oder auf einem Butterbrot. Pax, der Koch aus St. Malo, von dem dieses Rezept stammt, nascht sie nebenher wie Pralinen.

◁ Spanienurlauber werden sich an diese erfrischend kalte Gemüsesuppe sicher gerne erinnern. Das Rezept für Gazpacho finden Sie auf Seite 23.

# Geknofelte Suppen und Saucen

## Serbische Bohnensuppe

*Zutaten für 4 Personen:*
*300 g weiße Bohnen · 250 g durchwachsener Speck · 1 Lorbeerblatt · 1 Teel. getrockneter Majoran · 1 Teel. edelsüßes Paprikapulver · ½ Teel. Rosenpaprikapulver · 1 Messerspitze Cayennepfeffer · 1¼ l Fleischbrühe · 1 große Zwiebel · 3 Knoblauchzehen · je 1 grüne und rote Paprikaschote · 3 Tomaten · 3 Eßl. Öl · 3 Eßl. saure Sahne · 2 Eßl. Rotwein · Salz · Pfeffer, frisch gemahlen*
Pro Person etwa 1775 Joule/425 Kalorien

- Einweichzeit: 12 Stunden
- Zubereitungszeit: 1 Stunde

So wird's gemacht: Die Bohnen über Nacht in reichlich Wasser quellen lassen. • Die Bohnen in ein Sieb abgießen, abtropfen lassen, mit dem Speck und den Gewürzen in die Fleischbrühe geben und in 50–60 Minuten weich kochen. • Die Zwiebel und die Knoblauchzehen schälen und feinhacken. Die Paprikaschoten waschen, putzen und in Streifen schneiden. Die Tomaten mit heißem Wasser überbrühen, enthäuten und vierteln, dabei die Stengelansätze herausschneiden. • Das Öl in einer Kasserolle erhitzen. Die Zwiebel, den Knoblauch, die Paprikastreifen und die Tomatenviertel darin unter Rühren 10 Minuten anbraten, mit einem Schöpflöffel Bohnenbrühe ablöschen und weitere 10 Minuten köcheln lassen. • Die Mischung zu den Bohnen geben. Den Speck herausnehmen und in Würfel schneiden. • Die Suppe mit der sauren Sahne, dem Rotwein, Salz und Pfeffer abschmecken. Die Speckwürfel in der Suppe servieren.

## Überbackene Knoblauchsuppe

*Zutaten für 6 Personen:*
*12 Knoblauchzehen · 1 Bund Petersilie · 2 Eßl. Butter · 1 gehäufter Eßl. Mehl · 1 ½ l Fleischbrühe · schwarzer Pfeffer, frisch gemahlen · 6 Scheiben Weißbrot · 6 dünne Scheiben Gouda- oder Chesterkäse · 4 Eigelb*
Pro Person etwa 1180 Joule/280 Kalorien

- Zubereitungszeit: 50 Minuten

So wird's gemacht: Die Knoblauchzehen schälen und sehr fein hacken. Die Petersilie waschen, trockentupfen, von groben Stengeln befreien und grobhacken. • Die Butter in einem Topf zerlassen und den Knoblauch und die Petersilie darin 3 Minuten anbraten. Das Mehl dazustäuben und unter Rühren goldgelb werden lassen. Nach und nach die Fleischbrühe hineinrühren. Die Suppe mit Pfeffer würzen und 30 Minuten köcheln lassen. • Die Weißbrotscheiben toasten, mit je einer Käsescheibe belegen und in sechs feuerfeste Portionsschüsseln verteilen. • Den Grill oder den Backofen vorheizen. • Das Eigelb verquirlen und mit dem Schneebesen in die vom Herd genommene Suppe schlagen. • Die Suppe über die Käsetoasts schöpfen und unter den Grill oder in den Backofen stellen, bis der Käse geschmolzen ist.

## Ungarische Gulaschsuppe

*Zutaten für 8 Personen:*
*800 g Rindfleisch (Bug, Nacken) · 100 g durchwachsener Speck · 500 g Zwiebeln · 3 Knoblauchzehen · 3 Eßl. Mehl · 2 l Fleischbrühe · 2 Kartoffeln · 2 grüne*

## Geknofelte Suppen und Saucen

Paprikaschoten · 1 rote Paprikaschote · 450 g geschälte Tomaten aus der Dose · 2 Eßl. edelsüßes Paprikapulver · 1 Teel. Rosenpaprikapulver · 1 Teel. getrockneter Thymian · 1 Teel. Zucker · Salz · schwarzer Pfeffer, frisch gemahlen · ½ Tasse Madeirawein · 2–3 Eßl. Rotweinessig
Pro Person etwa 1925 Joule/460 Kalorien

- Zubereitungszeit: 1 Stunde und 30 Minuten

So wird's gemacht: Das Rindfleisch und den Speck in kleine Würfel schneiden. Die Zwiebeln und den Knoblauch schälen und feinhacken. • Die Speckwürfel in einer Kasserolle glasig braten, die Zwiebeln und den Knoblauch darin unter Rühren goldgelb werden lassen. • Das Fleisch mit dem Mehl bestäuben, in die Kasserolle geben und unter häufigem Wenden 5 Minuten anbraten. Mit ½ l Fleischbrühe ablöschen, dabei den Bratensatz gut losrühren. 30 Minuten bei schwacher Hitze kochen lassen. • Die Kartoffeln schälen, waschen und würfeln. Die Paprikaschoten putzen, waschen und in Streifen schneiden. • Beides mit den Tomaten zum Fleisch geben. Die Gewürze hinzufügen und mit der restlichen Fleischbrühe auffüllen. 30–40 Minuten köcheln lassen. • Die Suppe mit dem Zucker, Salz, Pfeffer, dem Madeirawein und dem Essig abschmecken.

## Bulgarische Joghurtsuppe

Zutaten für 4 Personen:
100 g Walnußkerne · 4 Knoblauchzehen · 1 Bund Petersilie · ½ Bund Dill · 1 große Gurke · 2 Eßl. Olivenöl · Salz · 4 Becher Joghurt · 1–2 Tassen eisgekühltes Wasser
Pro Person etwa 1440 Joule/340 Kalorien

- Zubereitungszeit: 40 Minuten
- Ruhezeit: 1 Stunde

So wird's gemacht: Die Walnußkerne feinhakken. Die Knoblauchzehen schälen und sehr fein hacken. Die Petersilie und den Dill waschen, trockentupfen, von groben Stengeln befreien und feinhacken. Die Gurke schälen, der Länge nach halbieren und die Kerne mit einem spitzen Löffel herausschaben. Das Fruchtfleisch grob raspeln. • Alle vorbereiteten Zutaten in einer Schüssel mit dem Olivenöl und Salz nach Geschmack vermengen und zugedeckt im Kühlschrank 1 Stunde ruhen lassen. • Vor dem Servieren gut mit dem Joghurt und dem Wasser verrühren.

## Gazpacho

Spanische Gemüsesuppe
Bild Seite 20

Die berühmte kalte Gemüsesuppe aus Spanien ist eine köstliche Erfrischung an heißen Sommertagen.

Zutaten für 4 Personen:
500 g Tomaten · 1 grüne Paprikaschote · 1 große Salatgurke · 1 große Zwiebel · 3 Knoblauchzehen · 2 Eßl. Rotweinessig · 2 Eßl. Olivenöl · 1 Tasse Semmelbrösel · ¼ l Sahne · Salz · schwarzer Pfeffer, frisch gemahlen · ½ Teel. edelsüßes Paprikapulver · je 1 Messerspitze Rosmarin- und Salbeipulver · 1 Bund Schnittlauch
Pro Portion etwa 1590 Joule/380 Kalorien

- Zubereitungszeit: 30 Minuten
- Ruhezeit: 2 Stunden

So wird's gemacht: Die Tomaten mit heißem Wasser überbrühen, enthäuten und zerkleinern, dabei die Stengelansätze entfernen. Die Paprikaschote putzen, waschen und in Streifen schneiden. Die Gurke schälen, halbieren, die Kerne mit

## Geknofelte Suppen und Saucen

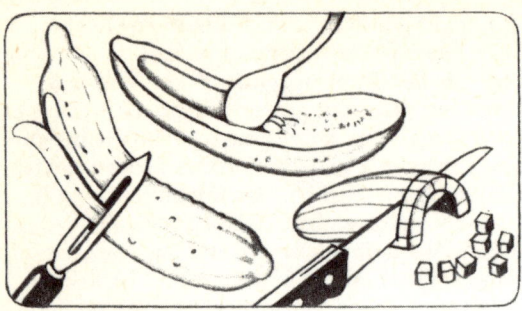

Für Gazpacho wird die Salatgurke dünn geschält, halbiert und ausgehöhlt. Eine Hälfte wird gewürfelt, die andere feingeraspelt.

einem spitzen Löffel herausschaben. Eine Gurkenhälfte grobwürfeln, die andere beiseite legen. Die Zwiebel und die Knoblauchzehen schälen und kleinschneiden. Alle vorbereiteten Zutaten im Mixer fein pürieren. • Den Essig, das Öl und die Semmelbrösel in das Püree rühren. Die zweite Gurkenhälfte fein raspeln und unter die Suppe mengen. • Die Sahne unterrühren. Die Suppe mit Salz und den Gewürzen abschmecken und zugedeckt 2 Stunden im Kühlschrank ruhen lassen. • Den Schnittlauch waschen, trockentupfen und kleinschneiden. Die Suppe gut durchrühren und mit dem Schnittlauch bestreuen.

Das paßt dazu: in Butter geröstete Weißbrotwürfel und gewürfelter Schinken

## Aioli

Französische Knoblauchsauce
Bild 3. Umschlagseite

Aioli, Aillade und Skordalia sind Knoblauchsaucen, die in Südeuropa zu Fischsuppen und Meerestiergerichten gehören. Alle Zutaten dafür müssen Zimmertemperatur haben.

*Zutaten für 4 Personen:*
*6 große Knoblauchzehen · 1 Prise Salz · 1 Eßl. Zitronensaft · 3 Eigelb · ¼ l Olivenöl*
Pro Person etwa 2675 Joule/640 Kalorien

● Zubereitungszeit: 30 Minuten

So wird's gemacht: Die Knoblauchzehen schälen, grobhacken und mit dem Salz und dem Zitronensaft im Mörser zu einer glatten Paste stoßen. • Die Paste in eine größere Schüssel geben. Ein Eigelb nach dem anderen mit dem Schneebesen kräftig unterrühren. • Die Hälfte des Öls tropfenweise hineinschlagen. Wenn die Masse beginnt cremig zu werden, das restliche Öl teelöffelweise hineinrühren.

Paßt gut zu: gegrilltem Fleisch, zu Meeresfrüchten, Artischocken und hartgekochten Eiern

Variante: 1 Scheibe Weißbrot ohne Rinde in Milch einweichen, gut ausdrücken und mit 6 durchgepreßten Knoblauchzehen und 1 Eigelb mischen. Gut ¼ l Olivenöl in dünnem Strahl unter ständigem Rühren dazufließen lassen. Mit Salz, Pfeffer und etwas Zitronensaft abschmecken. Sollte die Mayonnaise auseinanderfallen, 1 weiteres Eigelb dazuschlagen.

## Aillade

Spanische Knoblauchsauce

*Zutaten für 4 Personen:*
*je ½ Bund Schnittlauch, Petersilie und Basilikum · 1 große Tomate · 6 Knoblauchzehen · 1 Eßl. Weinessig · 3 Eßl. Olivenöl · Salz · schwarzer Pfeffer, frisch gemahlen*
Pro Person etwa 320 Joule/75 Kalorien

● Zubereitungszeit: 30 Minuten
● Ruhezeit: 1–2 Stunden

## Geknofelte Suppen und Saucen

So wird's gemacht: Den Schnittlauch, die Petersilie und das Basilikum waschen, trockenschleudern und feinhacken. Die Tomate mit heißem Wasser überbrühen, enthäuten und kleinschneiden, dabei den Stengelansatz und die Kerne entfernen. Die Knoblauchzehen schälen und kleinwürfeln. • Die Kräuter mit der Tomate und dem Knoblauch im Mörser gut zerstampfen. Den Essig hinzufügen und das Öl langsam einrühren. Mit Salz und Pfeffer abschmecken. • Die Alliade zugedeckt 1–2 Stunden bei Zimmertemperatur durchziehen lassen. Vor dem Servieren noch einmal durchrühren.

Paßt gut zu: gedünstetem Fisch, kaltem Fleisch und Pellkartoffeln

# Salsa verde
Grüne Sauce

Die klassische italienische Kräutersauce hält zugedeckt im Kühlschrank mehrere Tage. Sie können mit der grünen Sauce einen schmackhaften Kartoffelsalat zubereiten, oder sie zu gedünstetem Fisch oder pochierten Eiern servieren.

*Zutaten für 4 Personen:*
*1 Bund Schnittlauch · 2 Bund Petersilie · 2 Stengel Basilikum · 2 Stengel Zitronenmelisse ·*
*1 Stengel Estragon · 1 Stengel Liebstöckel ·*
*1 kleine Zwiebel · 2 Knoblauchzehen · 1–2 Eßl.*
*Kapern · 1 Eßl. Weinessig · 1 Eßl. Zitronensaft ·*
*1 Teel. Salz · ½ Teel. weißer Pfeffer, frisch gemahlen · 7 Eßl. Olivenöl*
Pro Person etwa 710 Joule/170 Kalorien

- Zubereitungszeit: 25 Minuten
- Ruhezeit: 10 Minuten

So wird's gemacht: Die frischen Kräuter waschen, trockenschleudern, von dicken Stengeln befreien und feinhacken. Die Zwiebel und die Knoblauchzehen schälen und sehr fein hacken. Die Kapern kleinschneiden. • Den Essig mit dem Zitronensaft, dem Salz und dem Pfeffer gut verrühren. Nach und nach das Öl mit dem Schneebesen einschlagen. • Das Würzöl mit den Kräutern, der Zwiebel, dem Knoblauch und den Kapern mischen. • Die Sauce 10 Minuten zugedeckt ziehen lassen. • Vor dem Servieren noch einmal durchrühren.

Paßt gut zu: gekochtem Fleisch, Huhn und gekochter Pökelzunge

**Variante:** 1 Scheibe Weißbrot in Wasser einweichen. 2 Bund Petersilie waschen, trockentupfen und feinhacken. 1 kleine Zwiebel und 2 Knoblauchzehen schälen und sehr fein hacken. 1 Eßlöffel Kapern, 2 kleine Essiggurken und 3 Sardellenfilets feinwiegen. Das Weißbrot gut ausdrücken und in einer Schüssel mit 2 Eßlöffeln Weinessig verrühren und mit den kleingeschnittenen Zutaten vermengen. Langsam gut ⅛ l Olivenöl einrühren. Mit Salz und weißem Pfeffer abschmecken.

# Italienische Salatsauce

*Zutaten für 4 Personen:*
*2 Eier · 1 Eigelb · 1 Teel. scharfer Senf · 6 Eßl.*
*Olivenöl · 4 Eßl. Rotweinessig · Salz · weißer*
*Pfeffer, frisch gemahlen · 1 Zwiebel ·*
*2 Knoblauchzehen · 1 Teel. Kapern · ½ Bund*
*Petersilie · etwa 10 frische Estragonblätter*
Pro Person etwa 855 Joule/205 Kalorien

- Zubereitungszeit: 30 Minuten

So wird's gemacht: Die Eier in 8–10 Minuten hart kochen, mit kaltem Wasser abschrecken und schälen. Das Eigelb herauslösen und mit dem ro-

## Geknofelte Suppen und Saucen

hen Eigelb in einer Schüssel zu einer glatten Masse rühren. Den Senf, nach und nach das Öl und den Essig einrühren. Mit Salz und Pfeffer abschmecken. • Die Zwiebel und die Knoblauchzehen schälen und mit den Kapern und dem hartgekochtem Eiweiß sehr fein hacken. Die Kräuter waschen, trockentupfen und feinwiegen. • Alle zerkleinerten Zutaten in die Eiersauce geben und gut untermischen.

Paßt gut zu: Rohkostsalaten, Chicorée und Bleichsellerie

> **Mein Tip** Verwenden Sie stets nur frisch gemahlenen Pfeffer aus der Mühle. Er würzt Ihre Speisen intensiver und schmackhafter.

## Skordalia
Griechische Knoblauchsauce

*Zutaten für 4 Personen:*
*125 g Walnußkerne oder geschälte Mandeln · 6 Knoblauchzehen · 1 Prise Salz · 3 Eigelb · 2 Eßl. Semmelbrösel · gut ⅛ l Olivenöl · Saft von ½ Zitrone*
Pro Person etwa 2150 Joule/510 Kalorien

• Zubereitungszeit: 30 Minuten

So wird's gemacht: Die Walnußkerne oder die Mandeln fein mahlen. • Die Knoblauchzehen schälen und durch die Presse in eine Schüssel drücken. Die Knoblauchzehen mit dem Salz und dem Eigelb zu einer schaumigen hellgelben Masse rühren. • Nach und nach die Semmelbrösel und die Nüsse oder die Mandeln hinzufügen.

Das Öl dazwischen in dünnem Strahl einfließen lassen. Alles weiterrühren, bis eine dicke glatte Masse entsteht. Mit dem Zitronensaft würzen.

Paßt gut zu: Fischgerichten, Teigwaren und zu gebratenen Zucchini und Auberginen

## Griechische Knoblauchsauce mit Kartoffeln

Diese Sauce ist für unsere Begriffe mehr ein weiches Kartoffelpüree, jedoch die Griechen ordnen sie den Saucen zu. So oder so, eine vorzügliche Beilage.

*Zutaten für 6 Personen:*
*500 g mehlige Kartoffeln · 4–5 Knoblauchzehen · gut ⅛ l Olivenöl · 2–3 Eßl. Zitronensaft · 2 Eigelb · Salz · schwarzer Pfeffer, frisch gemahlen*
Pro Person etwa 965 Joule/230 Kalorien

• Zubereitungszeit: 45 Minuten

So wird's gemacht: Die Kartoffeln waschen und in der Schale in etwa 25 Minuten garen. • Die Kartoffeln etwas abkühlen lassen, schälen, in eine Schüssel reiben oder durch die Kartoffelpresse drücken. Die Knoblauchzehen schälen und durch die Knoblauchpresse dazudrücken. Nach und nach das Olivenöl, den Zitronensaft und das Eigelb kräftig einrühren. Mit Salz und Pfeffer würzig abschmecken. Kalt servieren.

Paßt gut zu: gebratenem oder gegrilltem Fisch und Meeresfrüchten oder als Vorspeise zu Brot, Crackers oder rohem Gemüse

# Pikante Teigwaren

## Spaghetti alla ghiotta

*Zutaten für 4 Personen:*
*3 Knoblauchzehen · 6–8 Sardellenfilets · 150 g grüne Oliven · 500 g reife Tomaten · 5 Eßl. Olivenöl · 1–2 Eßl. Kapern · Salz · 1 Prise gemahlener Peperoncino (ersatzweise scharfes Paprikapulver) · 400 g Spaghetti*
Pro Person etwa 2520 Joule/600 Kalorien

● Zubereitungszeit: 45 Minuten

So wird's gemacht: Die Knoblauchzehen schälen und in sehr feine Streifen schneiden. Die Sardellenfilets feinhacken. Die Oliven entkernen und kleinschneiden. Die Tomaten mit heißem Wasser überbrühen, enthäuten und grob zerkleinern, dabei die Stengelansätze und die Kerne entfernen. ● Das Öl in einer Kasserolle erhitzen und den Knoblauch darin hellgelb braten. Die Sardellen hinzufügen und 2 Minuten mitschmoren lassen. Die Tomaten, die Oliven und die Kapern einrühren, mit wenig Salz und dem Peperoncino würzen. Alles etwa 15 Minuten köcheln lassen. ● Die Spaghetti in reichlich Salzwasser bißfest kochen, abgießen, gut abtropfen lassen und in einer vorgewärmten Schüssel mit der Sauce mischen. Das Gericht sofort ohne geriebenen Käse servieren.

## Spaghetti con aglio e olio

Spaghetti mit Knoblauch und Öl

So mögen italienische Bauern ihre Spaghetti. Uns schmecken sie genau so gut. Ein ideales Rezept für den großen Hunger und den kleinen Geldbeutel.

*Zutaten für 4 Personen:*
*400 g Spaghetti · Salz · 5 Knoblauchzehen · 1 Bund Petersilie · 1 getrocknete Peperonischote · 1 knappe Tasse Olivenöl*
Pro Person etwa 2655 Joule/635 Kalorien

● Zubereitungszeit: 30 Minuten

So wird's gemacht: Die Spaghetti in reichlich Salzwasser in 8–10 Minuten bißfest kochen. ● Die Knoblauchzehen schälen und grobhacken. Die Petersilie waschen, trockentupfen, von groben Stengeln befreien und grobhacken. Die Peperonischote in sehr feine Ringe schneiden. ● Das Öl in einer kleinen Pfanne erhitzen, den Knoblauch und die Peperoniringe dazugeben und so lange rühren, bis der Knoblauch goldgelb ist. Die Petersilie untermischen. ● Die Spaghetti abgießen, abtropfen lassen, in eine vorgewärmte Schüssel geben und mit dem heißen Knoblauchöl übergießen. Dazu paßt kein geriebener Käse.

Das paßt dazu: frischer gemischter Salat

## Spaghetti al pesto genovese

Spaghetti mit grüner Basilikumsauce

Die frische Basilikumsauce wird im Mörser zubereitet, pesto bedeutet gestoßen. Sie schmeckt auch gut zu Kartoffelgerichten und wird auch gerne zum Würzen von Gemüsesuppen verwendet.

*Zutaten für 4 Personen:*
*3 Bund frisches Basilikum · 4 Knoblauchzehen · 3 Eßl. Pinienkerne · 6 Eßl. frisch geriebener Parmesankäse oder Pecorino · ⅛ l Olivenöl · Salz · weißer Pfeffer, frisch gemahlen · 400 g Spaghetti oder Fettuccine*
Pro Person etwa 3240 Joule/770 Kalorien

**Pikante Teigwaren**

• Zubereitungszeit: 45 Minuten

So wird's gemacht: Das Basilikum waschen und trockentupfen. Die Blätter abzupfen und grobhacken. Die Knoblauchzehen schälen und mit den Pinienkernen feinhacken. Alles in einem Mörser zu einer glatten Paste stoßen. Nach und nach den geriebenen Käse hinzufügen. • Das Öl löffelweise einfließen lassen und so lange rühren, bis die Sauce cremig ist. Nach Geschmack salzen und pfeffern. • Die Nudeln in sprudelndem Salzwasser bißfest kochen, abgießen, dabei etwas Kochwasser auffangen. • Den Pesto mit 2–3 Eßlöffeln davon verdünnen • Die abgetropften Nudeln in eine vorgewärmte Schüssel geben und mit der Sauce vermengen.

## Spaghetti alle vongole
Spaghetti mit Herzmuscheln und Tomaten

Die kleinen Herzmuscheln gibt es in Italien auf jedem Fischmarkt, bei uns leider nur selten frisch. Greifen Sie auf Dosen mit im eigenen Saft eingelegte Vongole zurück, sie sind von ausgezeichneter Qualität.

*Zutaten für 4 Personen:*
*1 kleine Zwiebel · 3 Knoblauchzehen · 1 Stange Lauch · 450 g geschälte Tomaten aus der Dose · 3 Eßl. Olivenöl · ¼ l trockener Weißwein · Salz · schwarzer Pfeffer, frisch gemahlen · 450 g Herzmuscheln aus der Dose · ½ Bund Petersilie · 400 g Spaghetti · 1 Eßl. Butter*
Pro Person etwa 2730 Joule/650 Kalorien

• Zubereitungszeit: 35 Minuten

So wird's gemacht: Die Zwiebel und die Knoblauchzehen schälen und feinhacken. Den Lauch putzen, waschen und in dünne Ringe schneiden. Die Tomaten abtropfen lassen und grob zerkleinern. • Das Öl in einem Topf erhitzen und die Zwiebel, den Knoblauch und den Lauch darin 3–5 Minuten unter Rühren anbraten. Die Tomaten und den Wein hinzufügen, mit Salz und Pfeffer würzen und alles 10 Minuten bei starker Hitze einkochen lassen. • Die Muscheln mit dem Saft einrühren und 5 Minuten mitköcheln lassen. • Die Petersilie waschen, trockentupfen, von groben Stengeln befreien und grobhacken. Die Spaghetti in reichlich Salzwasser bißfest kochen, abgießen und gut abgetropft mit der Butter vermengen. Die Spaghetti in Portionsteller füllen, mit der heißen Sauce übergießen und mit der Petersilie bestreuen.

## Fettuccine alla marinara
Bandnudeln mit Meeresfrüchten

*Zutaten für 4 Personen:*
*1 kg Miesmuscheln · 1 Glas trockener Weißwein · 1 Zwiebel · 2 Knoblauchzehen · 5 reife Tomaten · 3 Eßl. Olivenöl · 1 getrocknete Peperonischote (scharfe Paprikaschote) · 400 g Fettuccine · Salz · 100 g frische Krabben · weißer Pfeffer, frisch gemahlen · ½ Bund Petersilie*
Pro Person etwa 2400 Joule/570 Kalorien

• Zubereitungszeit: 45 Minuten

So wird's gemacht: Die Muscheln unter fließendem Wasser mit einer harten Bürste putzen. Die Bärte entfernen. Muscheln mit geöffneten Schalen unbedingt wegwerfen. • Die Muscheln in einen breiten Topf geben, mit dem Wein übergießen und zugedeckt etwa 10 Minuten kochen lassen, bis sich die Schalen geöffnet haben. Nicht geöffnete Muscheln wegwerfen. Abkühlen lassen, das Muschelfleisch aus den Schalen lösen. Den Sud durch ein Haarsieb gießen und auffangen. • Die Zwiebel schälen und in dünne Ringe schneiden. Die Knoblauchzehen schälen und

## Pikante Teigwaren

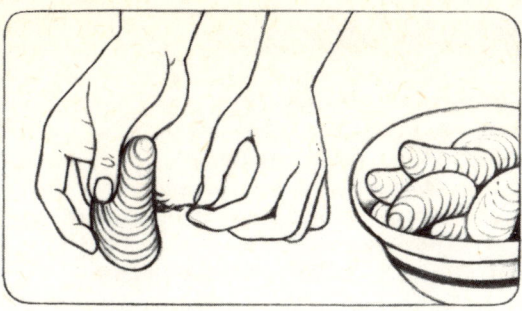

Bevor man sie kocht, müssen Muscheln gründlich gewaschen und »entbartet« werden.

Zutaten für 6 Personen:
2 große Gemüsezwiebeln · 6 Knoblauchzehen · 1 getrocknete Peperonischote (scharfe Paprikaschote) · 2 Eßl. Butter · ⅛ l Olivenöl · 2 Dosen geschälte Tomaten zu je 850 g · Salz · Pfeffer, frisch gemahlen · 500 g Zucchini · 250 g Auberginen · 750 g Spaghetti · 250 g Muscheln im eigenen Saft aus der Dose · 250 g Krabben · 1 Bund Petersilie
Pro Person etwa 3425 Joule/815 Kalorien

● Zubereitungszeit: 1 Stunde

So wird's gemacht: Die Zwiebeln schälen und würfeln. Die Knoblauchzehen schälen, die Peperonischote feinhacken. ● Die Butter und 2 Eßlöffel Öl in einem Topf erhitzen und die Zwiebeln darin glasig braten. Die Tomaten mit dem Saft, die ganzen Knoblauchzehen und die Peperonischote hinzufügen, mit Salz und Pfeffer würzen. Alles im offenen Topf unter gelegentlichem Rühren bei schwacher Hitze einkochen lassen. ● Die Zucchini und die Auberginen waschen, abtrocknen und in Scheiben schneiden, dabei die Enden entfernen. ● Das restliche Öl, bis auf einen Eßlöffel in einer Pfanne erhitzen und die Gemüsescheiben darin auf beiden Seiten hellbraun braten. Mit Küchenkrepp abtupfen, leicht salzen und warm stellen. ● Die Spaghetti in reichlich Salzwasser mit dem restlichen Öl bißfest kochen. ● Die Muscheln abtropfen lassen und mit den Krabben in der Tomatensauce erhitzen. Die Petersilie waschen, trockenschleudern, von groben Stengeln befreien und feinhacken. ● Die Spaghetti abgießen, abtropfen lassen und in eine große, nicht zu tiefe Schüssel geben. Die Tomatensauce, das Gemüse und die Petersilie darüber verteilen. Vor dem Servieren alles locker mischen.

feinhacken. Die Tomaten mit heißem Wasser überbrühen, enthäuten und zerkleinern, dabei die Stengelansätze herausschneiden. ● Das Öl in einem Topf erhitzen und die Zwiebelringe und den Knoblauch darin hellgelb braten. Die Tomaten und die Peperonischote hinzufügen, den Muschelsud dazugießen. Alles bei mittlerer Hitze 10 Minuten kochen lassen. ● Die Nudeln in reichlich Salzwasser bißfest kochen. ● Die Krabben in die Sauce rühren, mit Salz und reichlich grobgemahlenem Pfeffer abschmecken. Die Peperonischote entfernen. ● Die Petersilie waschen, trockentupfen von groben Stengeln befreien und feinhacken. ● Die Nudeln abgießen, gut abtropfen lassen und in eine vorgewärmte Schüssel füllen. Mit der Sauce und der Petersilie gut vermengen und sofort servieren.

# Spaghettischüssel San Felice

Das Restaurant meines Freundes Alfonso ist unter anderem berühmt für seine phantastischen Spaghettiteller. Meistens mogelt er reichlich ganze Knoblauchzehen in die Gerichte, und wenn man hineinbeißt jubelt er grinsend »Treffer«!

# Teufelshuhn und andere Hähnchen

## Teufelshuhn

Das Huhn nach Art der Teufelin wird auch pollo romano genannt. In Rom ißt man dazu gegrillte gelbe und rote Paprikaschoten, denn gelb und rot sind die Farben der Stadt.

*Zutaten für 4 Personen:*
*1 küchenfertiges Brathuhn von etwa 1,2 kg · 100 g Schinkenspeck · 1 Zwiebel · 2 Knoblauchzehen · 500 g Tomaten · 1 Stengel Basilikum · Salz · 2 Eßl. Olivenöl · 2 getrocknete Peperonischoten (scharfe Paprikaschoten) · ½ Tasse Fleischbrühe*
*Pro Person etwa 2470 Joule/590 Kalorien*

● Zubereitungszeit: 50 Minuten

So wird's gemacht: Das Huhn waschen, trockentupfen und in 8–10 Teile zerlegen. Den Schinkenspeck würfeln. Die Zwiebel und den Knoblauch schälen und feinhacken. Die Tomaten mit heißem Wasser überbrühen, enthäuten und zerkleinern, dabei die Stengelansätze herausschneiden. Das Basilikum waschen, trockentupfen, die Blätter von dem Stengel zupfen und grobhacken. Die Hühnerteile salzen. • Das Öl in einer Kasserolle erhitzen, den Schinkenspeck hinzufügen und die Hühnerteile darin rundherum goldgelb anbraten. Die Zwiebel, den Knoblauch und das Basilikum dazugeben und etwa 3 Minuten unter Wenden mitbraten lassen. • Die Tomaten und die Peperonischoten hineinrühren. Alles etwa 30 Minuten schmoren lassen, dabei nach und nach die Fleischbrühe dazugießen. • Vor dem Servieren die Peperonischoten entfernen.

Das paßt dazu: Stangenweißbrot

## Knoblauchhuhn

*Zutaten für 4 Personen:*
*1 küchenfertiges Brathuhn von etwa 1,2 kg · Salz · Pfeffer, frisch gemahlen · 9 Knoblauchzehen · etwa 10 frische Salbeiblätter · 3 Fleischtomaten · ⅛ l Olivenöl · gut ⅛ l trockener Weißwein*
*Pro Person etwa 2560 Joule/610 Kalorien*

● Zubereitungszeit: 45 Minuten

So wird's gemacht: Das Huhn waschen, trockentupfen und mit der Geflügelschere in 8 Teile zerlegen. Mit Salz und Pfeffer einreiben. • Die Knoblauchzehen schälen. Die Salbeiblätter waschen und trockentupfen. Die Tomaten mit heißem Wasser überbrühen, enthäuten und kleinschneiden, dabei die Stengelansätze herausschneiden. • Das Olivenöl in einer Kasserolle erhitzen und den Knoblauch und die Salbeiblätter darin anbraten, bis die Zehen goldbraun sind. Beides aus der Kasserolle entfernen. • Die Hühnerteile hineinlegen und in dem Würzöl rundherum hellbraun anbraten. Den Wein hineinrühren und die Tomaten hinzufügen. Alles 30 Minuten schmoren lassen. Das Gericht mit Salz und Pfeffer abschmecken.

## Hähnchen in Burgunderwein

Der Coq au vin sollte wirklich nur mit Burgunder und Cognac zubereitet werden.

*Zutaten für 4 Personen:*
*2 küchenfertige Hähnchen zu je etwa 600 g · 12 Schalotten oder kleine Zwiebeln · 250 g frische kleine Champignons · 5 Eßl. Butter · 4 dünne*

## Teufelshuhn und andere Hähnchen

Scheiben durchwachsener Speck · Salz · weißer Pfeffer, frisch gemahlen · 3 Eßl. Cognac · ⅜ l roter Burgunderwein · ¼ l Hühnerbrühe · 3–4 Knoblauchzehen · 1 Lorbeerblatt · ½ Teel. getrockneter Thymian · 1 Eßl. Mehl · 1 Bund Petersilie
Pro Person etwa: 2800 Joule/670 Kalorien

● Zubereitungszeit: 1 Stunde und 15 Minuten

So wird's gemacht: Jedes Hähnchen mit der Geflügelschere in 4 Teile zerlegen, abspülen und trockentupfen. Die Schalotten oder die Zwiebeln schälen. Die Champignons waschen, putzen und abtrocknen. ● 2 Eßlöffel Butter in einer Kasserolle erhitzen und die Speckscheiben darin hellbraun braten, herausnehmen und beiseite stellen. ● Die Hähnchenteile in die Kasserolle geben und in dem heißen Fett rundherum anbraten, salzen, pfeffern und mit den Speckscheiben bei schwacher Hitze zugedeckt 10 Minuten schmoren lassen, dabei einmal wenden. ● Den Cognac über die Hähnchenteile träufeln, den Wein und so viel Hühnerbrühe dazugießen, daß alles gut bedeckt ist. ● Die Knoblauchzehen schälen und durch die Presse dazudrücken. Das Lorbeerblatt und den Thymian hinzufügen. Alles in der geschlossenen Kasserolle 30 Minuten köcheln lassen. ● 2 Eßlöffel Butter in einer Pfanne erhitzen und die Schalotten oder Zwiebeln darin unter Rühren hellgelb braten. Die Champignons dazugeben und bei schwacher Hitze 10 Minuten mitbraten lassen. ● Die Hähnchenteile aus der Sauce nehmen und warm stellen. Die Sauce bei starker Hitze auf etwa ¼ l einkochen. Das Lorbeerblatt entfernen. ● 1 Eßlöffel Butter in einer kleinen Pfanne zerlassen, das Mehl einstäuben und unter Rühren hellgelb werden lassen. Die Butter-Mehl-Mischung in die Weinsauce rühren. Die Hähnchenteile und die Schalotten oder Zwiebeln mit den Pilzen in die Sauce geben. Alles gut erhitzen. ● Die Petersilie waschen, trockentupfen, von groben Stengeln befreien und feinhacken, über das fertige Gericht streuen.

## Hähnchen Farmer Art

Zutaten für 4 Personen:
2 küchenfertige Hähnchen zu je 800 g · 50 g Butter · 3 große Knoblauchzehen · Saft von 3 Zitronen · ½ Teel. getrockneter Oregano · Salz · Pfeffer, frisch gemahlen · 2 Eßl. Öl
Pro Person etwa 2430 Joule/580 Kalorien

● Zubereitungszeit: 1 Stunde

So wird's gemacht: Die Hähnchen waschen, trockentupfen und mit der Geflügelschere halbieren. ● Die Butter zerlassen und in eine Schüssel geben. Die Knoblauchzehen schälen und durch die Presse dazudrücken. Den Zitronensaft hinzufügen und mit dem Oregano, Salz und Pfeffer würzen. Alles gut verrühren. ● Den Backofen auf 220° vorheizen. Das Backblech mit dem Öl bepinseln. ● Die Hähnchenteile mit der Schnittseite nach oben auf das Blech legen, gut mit der Marinade bestreichen und im Ofen auf der mittleren Schiene 20 Minuten schmoren lassen. Dann umdrehen, wieder mit der Knoblauchmischung bestreichen und weitere 20 Minuten backen. Während der Garzeit die Hähnchenteile öfters mit der Würzmischung bepinseln.

Das paßt dazu: Kartoffeln in der Folie gebacken

## Paniertes Hähnchen

Zutaten für 4 Personen:
3 große Knoblauchzehen · 1 Bund Petersilie · 80 g Semmelbrösel · 80 g Emmentaler Käse, frisch gerieben · Salz · weißer Pfeffer, frisch gemahlen · 1 bratfertige Poularde von gut 1 kg · 80 g Butter
Pro Person etwa 2380 Joule/565 Kalorien

● Zubereitungszeit: 1 Stunde und 30 Minuten

So wird's gemacht: Die Knoblauchzehen schälen und feinhacken. Die Petersilie waschen, trockentupfen, von groben Stengeln befreien und feinhacken. • Die Semmelbrösel mit dem Käse und der Petersilie mischen, mit Salz und Pfeffer würzen. • Die Poularde halbieren, waschen und gut abtrocknen. • Den Backofen auf 180° vorheizen. • Die Butter mit dem Knoblauch bei schwacher Hitze zerlassen, die Hähnchenhälften damit bepinseln und dann in der Paniermischung wenden. Mit der Hautseite nach oben auf das ungefettete Backblech legen und auf der mittleren Schiene des Ofens 30 Minuten backen. • Die restliche Panade mit der übriggebliebenen Knoblauchbutter gut vermischen und über die Hähnchenhälften verteilen. Die Hähnchen weitere 30 Minuten knusprig braten.

Das paßt dazu: grüner Salat und Risotto

## Pollo alla sabinese

Geschmortes Huhn mit Oliven
Bild Seite 38

Das Huhn nach Art des Sabiner Landes wird mit Oliven geschmort, sie sollten groß, saftig und fleischig sein. Nach einem alten Rezept wird die Sauce außerdem noch mit Zitronenspalten, Peperonischoten und Sardellen gewürzt. Das war mir zu scharf!

*Zutaten für 4 Personen:*
*1 frisches küchenfertiges Brathuhn von etwa 1,5 kg · Mehl · 3 Knoblauchzehen · 6 frische Salbeiblätter · 3 Eßl. Olivenöl · 2 Eßl. Butter · gut ⅛ l trockener Weißwein · Salz · weißer Pfeffer, frisch gemahlen · 150 g Oliven*
Pro Person etwa 2480 Joule/590 Kalorien

• Zubereitungszeit: 1 Stunde

So wird's gemacht: Das Huhn in 8–10 Teile zerlegen, waschen und sorgfältig mit Küchenkrepp trockentupfen. Die Hühnerstücke leicht in Mehl wenden. Die Knoblauchzehen schälen und feinhacken. Die Salbeiblätter waschen, trockentupfen und kleinschneiden. • Das Öl und die Butter in einer Kasserolle erhitzen und die Hühnerteile darin rundherum anbräunen. Den Knoblauch und den Salbei dazugeben und kurze Zeit mitbraten lassen. Den Wein angießen, mit wenig Salz und Pfeffer würzen. Zugedeckt etwa 15 Minuten schmoren lassen. • Die Oliven entkernen und in nicht zu schmale Streifen schneiden. Die Oliven in die Kasserolle geben und alles weitere 15 Minuten schmoren lassen.

## Indonesisches Huhn

*Zutaten für 4 Personen:*
*1 gekochtes oder gebratenes Huhn von etwa 1200 g · 1 Zwiebel · 2–3 Knoblauchzehen · 2 Eßl. Öl · 1 Eßl. Currypulver · 1 Teel. Zitronensaft · ½ Teel. abgeriebene Schale von 1 unbehandelten Zitrone · ½ Teel. Zucker · 1 Tasse Milch*
Pro Person etwa 1670 Joule/400 Kalorien

• Zubereitungszeit: 50 Minuten

So wird's gemacht: Das Huhn häuten, das Fleisch von den Knochen lösen und in große Stücke teilen. Die Zwiebel und die Knoblauchzehen schälen und feinhacken. • Das Öl in einem Topf erhitzen, die Zwiebel, den Knoblauch und den Curry darin unter Rühren 2 Minuten anbraten. Die Hühnerteile hinzufügen und in etwa 3 Minuten rundherum anbraten. • Den Zitronensaft, die Zitronenschale und den Zucker dazugeben, die Milch hineinrühren, bei schwächster Hitze etwa 40 Minuten schmoren lassen.

Das paßt dazu: körnig gekochter Reis

# Fisch und Meeresfrüchte

## Chinesische Shrimps

Chinesische Shrimps

*Zutaten für 4 Personen:*
*15 g getrocknete chinesische Pilze · 500 g tiefgefrorene Shrimps · 6 Knoblauchzehen · 1 kleine Zwiebel · 3 Eßl. Öl · je ½ Teel. Ingwerpulver und Pilzpulver · 1 Tasse tiefgefrorene Erbsen · 1 Tasse Hühnerbrühe · 1 Teel. Speisestärke · 1 Teel. Sojasauce · Salz*
Pro Person etwa 920 Joule/220 Kalorien

● Zubereitungszeit: 1 Stunde

So wird's gemacht: Die Pilze in lauwarmes Wasser legen und 20 Minuten quellen lassen. Die Shrimps in einer Schüssel antauen lassen. Die Knoblauchzehen und die Zwiebel schälen und grob hacken. ● Das Öl in einer Kasserolle erhitzen und die Shrimps darin unter Wenden etwa 5 Minuten anbraten. Den Knoblauch und die Zwiebel hinzufügen, das Ingwerpulver und das Pilzpulver anstäuben. Alles unter Rühren 3 Minuten weiterbraten. ● Die Pilze abtropfen lassen und mit den unaufgetauten Erbsen in die Kasserolle geben. Die Hühnerbrühe dazugießen und 6 Minuten köcheln lassen. ● Die Speisestärke mit 2 Eßlöffeln Wasser anrühren und das Gericht damit binden. Mit der Sojasauce und Salz abschmecken.

Das paßt dazu: körnig gekochter Reis

## Bouillabaisse

Das Besondere an dieser Fischsuppe ist, daß Fisch und Meeresfrüchte auf einer Platte und die Bouillon extra in einer Terrine serviert werden. Jeder Gast kann in einem tiefen Teller seine Mischung selbst zusammenstellen.

*Zutaten für 6 Personen:*
*500 g tiefgefrorene Shrimps · 2 kg frische ausgenommene Seefische (Kabeljau, Seehecht, Merlan, Heilbutt, Goldbarsch) · 250 g Fischköpfe und -schwänze · 1 Stange Lauch · 1 kleine Fenchelknolle · 2 Zwiebeln · 250 g Tomaten · 4 Knoblauchzehen · 6 Eßl. Olivenöl · ¾ l heißes Wasser · ¾ l trockener Weißwein · 1 Lorbeerblatt · je 1 Stengel Thymian und Rosmarin · Salz · Pfeffer, frisch gemahlen · Saft von 1 Zitrone · 500 g Miesmuscheln · 1 gute Prise Safran · 2 Eßl. Pernod · ½ Bund Petersilie*
Pro Person etwa 2390 Joule/570 Kalorien

● Auftauzeit: 2–3 Stunden
● Zubereitungszeit: 1 Stunde

So wird's gemacht: Die Shrimps auftauen lassen. ● Die Fische von Köpfen, Schwänzen und loser Haut befreien. Die Fische, Fischabschnitte, -köpfe und -schwänze waschen und abtropfen lassen. ● Den Lauch und den Fenchel putzen und waschen. Die Zwiebeln schälen. Den Lauch und die Zwiebeln in dünne Scheiben, den Fenchel in feine Streifen schneiden. Die Tomaten mit heißem Wasser überbrühen, enthäuten und kleinschneiden, dabei die Stengelansätze entfernen. Die Knoblauchzehen schälen und feinhacken. ● Das Öl in einem großen Topf erhitzen. Die Zwiebeln und den Lauch unter Rühren darin glasig braten. Das Wasser, den Wein, die Fischabfälle, -köpfe und -schwänze, den Fenchel, die Tomaten, den Knoblauch, das Lorbeerblatt, den Thymian und den Rosmarin dazugeben. Alles bei schwacher Hitze im offenen Topf kochen lassen. ● Die Fische in 5 cm große Stücke schneiden, salzen, pfeffern und mit dem Zitronensaft beträufeln. Die Muscheln unter fließendem Wasser kräftig bürsten, die Bärte entfernen. Offene Muscheln unbedingt wegwerfen. ● Die Fischbrühe durch ein Sieb passieren, wieder erhitzen, die Muscheln und die Shrimps hineinlegen und mit dem Safran würzen. Die Fischstücke dazuge-

## Fisch und Meeresfrüchte

ben und alles bei mittlerer Hitze 10 Minuten ziehen lassen. • Den Fisch und die Meeresfrüchte mit dem Schaumlöffel aus der Brühe heben, auf einer vorgewärmten Platte anrichten und warm stellen. Von den Muscheln jeweils eine Schalenhälfte entfernen. Nicht geöffnete Muscheln wegwerfen. • Die Bouillon mit Salz, Pfeffer und dem Pernod abschmecken. Die Petersilie waschen, trockentupfen, grob hacken und hinzufügen. Die Suppe gesondert zur Fischplatte servieren. Jeder nimmt sich in einen tiefen Teller Fisch und Meeresfrüchte, schöpft die Suppe darüber und würzt nach Belieben mit »la rouille«, einer scharfen Sauce. Das Rezept finden Sie nachstehend.

Das paßt dazu: Stangenweißbrot oder Toast

**Mein Tip** Merlan ist eine Schellfischart, die Sie in manchen Gegenden auch unter dem Namen Wittling bekommen können.

## La rouille

*2 Knoblauchzehen · 2 rote Peperonischoten (scharfe Paprikaschoten) · 2 Eigelb · 4 Eßl. Olivenöl · 2 Eßl. Semmelbrösel*
Insgesamt etwa 2360 Joule/560 Kalorien

So wird's gemacht: Die Knoblauchzehen schälen und mit den Peperonischoten im Mörser zu einer glatten Masse zerstoßen. • Das Eigelb in einer kleinen Schüssel schlagen, bis es fast weiß ist. Nach und nach das Öl hineinrühren. Mit der Knoblauch-Peperoni-Mischung und den Semmelbröseln vermengen.

## Fischrisotto

Die Basis dieses Rezepts ist eine eingekochte Fischbrühe. Fischabfälle wie Köpfe, Schwänze und Gräten bekommen Sie bei Ihrem Händler.

*Zutaten für 4 Personen:*
*300 g Fischabfälle · 1 Lorbeerblatt · 1 l Wasser · ⅛ l trockener Weißwein · 1–2 Teel. gekörnte Brühe · 1 große Zwiebel · 3 Knoblauchzehen · 3 Eßl. Olivenöl · 200 g italienischer Reis · Salz · weißer Pfeffer, frisch gemahlen · 500 g festes Seefischfilet · Saft von 1 Zitrone · 250 g Krabbenfleisch*
Pro Person etwa 1920 Joule/460 Kalorien

• Zubereitungszeit: 1 Stunde

So wird's gemacht: Die Fischabfälle waschen und mit dem Lorbeerblatt und dem Wasser aufkochen. Den Wein hinzufügen, die gekörnte Brühe hineinrühren und alles bei schwacher Hitze im offenem Topf 30 Minuten köcheln lassen. • Die Zwiebel und die Knoblauchzehen schälen und feinhacken. • Das Öl in einem großen Topf erhitzen und die Zwiebel und den Knoblauch darin 1–2 Minuten anbraten. Den Reis dazurühren, glasig werden lassen und die Fischbrühe durch ein Sieb dazugießen. Mit Salz und Pfeffer würzen. Etwa 15 Minuten bei schwacher Hitze kochen lassen. • Das Fischfilet waschen, trockentupfen, in Würfel schneiden und mit dem Zitronensaft beträufeln. Die Fischwürfel und die Krabben locker unter den Reis heben und 7–10 Minuten mitgaren lassen.

**Mein Tip** Für dieses Gericht können Sie jede Art von Seefischen verwenden, außer Hering und Aal. Je mehr Sorten, um so besser wird der Risotto.

# Fischsuppe mit Gemüse

Bei einer guten Fischsuppe wird der Berg auf dem Teller immer kleiner und der Appetit immer größer, so sagt man im italienischen Latium.

*Zutaten für 6 Personen:*
*500 g Möhren · 500 g Zucchini · 2 große Stangen Lauch · 2 Zwiebeln · 4 Knoblauchzehen · 800 g Fischfilet (Kabeljau, Rotbarsch und Seelachs) · gut ½ l trockener Weißwein · ½ Teel. Worcestersauce · 3 Eßl. Öl · 2 Eßl. Butter · 2 l Fleischbrühe · 1 Lorbeerblatt · Salz · weißer Pfeffer, frisch gemahlen · 500 g küchenfertige Scampi, Shrimps oder Krabben · 250 g Muscheln im eigenen Saft aus der Dose · 3 Stengel Basilikum*
Pro Person etwa 1770 Joule/420 Kalorien

● Zubereitungszeit: 1 Stunde

So wird's gemacht: Die Möhren schaben, waschen und stifteln. Die Zucchini waschen und in dünne Scheiben schneiden, dabei die Enden entfernen. Den Lauch putzen, gründlich waschen und in feine Ringe schneiden. Die Zwiebeln und die Knoblauchzehen schälen und feinhacken. ● Das Fischfilet abbrausen, trockentupfen und in grobe Würfel schneiden, in eine Schüssel geben, mit ¼ l Weißwein übergießen und mit der Worcestersauce beträufeln. ● Das Öl und die Butter in einem großen Topf erhitzen und die Zwiebeln darin glasig braten. Den Knoblauch und die Möhren hineinrühren, die Zucchini und den Lauch hinzufügen. Mit der Fleischbrühe aufgießen, das Lorbeerblatt einlegen und leicht salzen und pfeffern. Alles bei mittlerer Hitze im offenen Topf kochen lassen, bis das Gemüse noch bißfest ist. ● Das Lorbeerblatt entfernen. Den Fisch, die Meeresfrüchte und die Muscheln ohne den Saft und den restlichen Wein hinzufügen. Die Suppe etwa 5 Minuten köcheln lassen. ● Die Basilikumblätter hacken und über die Suppe streuen.

# Lachsforelle provenzalisch

*Zutaten für 4 Personen:*
*1 große Lachsforelle von mindestens 1 kg · Salz · weißer Pfeffer, frisch gemahlen ·*
*5 Knoblauchzehen · 1 Zweig Rosmarin · 600 g Fleischtomaten · ½ Teel. getrockneter Thymian · 4 Eßl. Olivenöl*
*Für die Form: Olivenöl*
Pro Person etwa 2690 Joule/640 Kalorien

● Zubereitungszeit: 50 Minuten

So wird's gemacht: Den Fisch waschen und mit Küchenkrepp trockentupfen. Innen mit Salz und Pfeffer einreiben. Die Knoblauchzehen schälen und der Länge nach in Scheiben schneiden. Den Rosmarin in kleine Büschel teilen. ● Die Forelle in etwa daumenbreitem Abstand auf beiden Seiten mit Knoblauchscheiben und Rosmarinbüscheln spicken. ● Eine große, flache feuerfeste

So wird die Lachsforelle mit Knoblauchstiften und Rosmarinbüscheln gespickt.

Form mit Öl ausstreichen. ● Die Tomaten mit heißem Wasser überbrühen, enthäuten und kleinschneiden, dabei die Stengelansätze entfernen. Die Tomaten in die Form füllen, mit dem

Thymian und dem übriggebliebenem Knoblauch und Rosmarin bestreuen. Den Fisch darauflegen, alles salzen und pfeffern und mit dem Öl beträufeln. • Die Form auf die mittlere Schiene des kalten Backofens schieben, auf 200° schalten und den Fisch in etwa 30 Minuten garen.

Das paßt dazu: Stangenweißbrot

## Zitronenfisch

*Zutaten für 4 Personen:*
*800 g Rotbarschfilet · Salz · 1 unbehandelte Zitrone · 2 Knoblauchzehen · 5 Eßl. Olivenöl · je ½ Bund Petersilie und Dill · 1 Prise getrockneter Thymian · 125 g Emmentaler, frisch gerieben*
*Für die Form: 1 Eßl. Butter*
Pro Person etwa 1565 Joule/375 Kalorien

- Zubereitungszeit: 50 Minuten

So wird's gemacht: Das Fischfilet waschen, trockentupfen, in breite Streifen schneiden und salzen. Die Zitrone unter fließendem heißen Wasser abbürsten, der Länge nach halbieren und quer in hauchdünne Scheiben schneiden. Die Knoblauchzehen schälen, durch die Presse in eine kleine Schüssel drücken und mit dem Öl verrühren. • Den Backofen auf 220° vorheizen. • Die Petersilie und den Dill waschen, trockenschleudern, von groben Stengeln befreien und feinhakken. • Eine große, flache feuerfeste Form mit der Butter ausstreichen und die Fischstreifen dicht nebeneinander hineinlegen. Die Zitronenscheiben über den Fisch verteilen, mit den Kräutern bestreuen und das Knoblauchöl darüberträufeln. Den geriebenen Käse gleichmäßig darübergeben. • Das Gericht auf der mittleren Schiene des Ofens in etwa 30 Minuten garen lassen.

Das paßt dazu: Brot oder Salzkartoffeln

## Pikanter Kabeljau aus dem Ofen

*Zutaten für 4 Personen:*
*1 küchenfertiger Kabeljau von etwa 2 kg · 1 große rote Zwiebel · 2–3 Knoblauchzehen · 2 Eßl. Apfelsaft · 2 Eßl. Zitronensaft · 2 Eßl. Sojasauce · 1 Teel. trockener Sherry · 2 Eßl. Öl · 1 Teel. Worcestersauce · Salz · weißer Pfeffer, frisch gemahlen*
*Für die Form: Öl*
Pro Person etwa 1395 Joule/330 Kalorien

- Zubereitungszeit: 50 Minuten
- Marinierzeit: 2 Stunden

So wird's gemacht: Eine große feuerfeste Form oder einen flachen Bratentopf mit Öl ausstreichen. • Den Fisch waschen, mit Küchenkrepp trockentupfen und in die Form legen. Die Zwiebel schälen, feinhacken und in eine Schüssel geben. Die Knoblauchzehen schälen und durch die Presse dazudrücken. Den Apfel- und Zitronensaft, die Sojasauce, den Sherry, das Öl und die Worcestersauce hinzufügen und alles mit dem Schneebesen zu einer sämigen Sauce schlagen. Mit Salz und Pfeffer abschmecken. • Die Sauce über den Fisch gießen und den Kabeljau zugedeckt 2 Stunden marinieren. • Den Backofen auf 200° vorheizen. • Den gewürzten Fisch im Ofen auf der mittleren Schiene in etwa 30 Minuten garen.

Das paßt dazu: körnig gekochter Reis mit etwas Butter vermengt oder Kartoffelpüree

Ein besonders köstliches Essen für Gäste sind Gefüllte ▷
Zucchinipakete. Der Arbeitsaufwand lohnt sich.
Rezept Seite 41.

## Fisch und Meeresfrüchte

# Garnelen in scharfer roter Sauce

Für dieses Rezept werden Garnelen oder Scampi in der Schale verlangt. Sie würzen das Gericht ungemein »meeriger« als ausgelöste Meerestiere. Man ißt sie bei Tisch mit den Fingern. Stellen Sie für diesen Spaß Fingerschalen mit lauwarmem Wasser und einer Zitronenscheibe und viele Papierservietten bereit.

*Zutaten für 4 Personen:*
*1 ½ kg Garnelen oder Scampi in der Schale · 3 Knoblauchzehen · 1 getrocknete Peperonischote (scharfe Paprikaschote) · 1 Bund Petersilie · 480 g geschälte Tomaten aus der Dose · 6 Eßl. Olivenöl · knapp ⅛ l trockener Weißwein · Salz · schwarzer Pfeffer, frisch gemahlen · 1 Prise Cayennepfeffer*
Pro Person etwa 1800 Joule/430 Kalorien

● Zubereitungszeit: 1 Stunde

So wird's gemacht: Die Garnelen oder Scampi mit kaltem Wasser abbrausen und gut abtropfen lassen. Die Knoblauchzehen schälen und feinhacken. Die Peperonischote kleinschneiden. Die Petersilie waschen, trockentupfen, von groben Stengeln befreien und feinhacken. Die Tomaten etwas abtropfen lassen und mit einer Gabel zerdrücken. ● Das Öl in einer tiefen Pfanne erhitzen und den Knoblauch und die Petersilie darin leicht anbraten. Den Wein angießen, fast verdampfen lassen. Die Tomaten hineinrühren, die Peperonischote hinzufügen. Die Sauce bei mittlerer Hitze in etwa 30 Minuten eindicken, dabei ab und zu umrühren. ● Die Garnelen oder Scampi in die Sauce geben und zugedeckt bei schwacher Hitze 10 Minuten ziehen lassen. Das Gericht mit Salz, Pfeffer und dem Cayennepfeffer abschmecken.

Das paßt dazu: viel Weißbrot. In diesem Fall muß man die Sauce auftunken.

# Scampi aus der Pfanne

Wenn Sie in einem Gemütstief stecken, oder nur so, ganz schnell etwas Feines schnabulieren möchten, ist das Scampipfännchen genau das Richtige.

*Zutaten für 2 Personen:*
*6 rohe Scampi in der Schale · 4 große frische Knoblauchzehen · 1 getrocknete Peperonischote · ½ Bund Petersilie · 6 Eßl. Olivenöl · Salz*
Pro Person etwa 1660 Joule/395 Kalorien

● Zubereitungszeit: 20 Minuten

So wird's gemacht: Die Scampi der Länge nach aufschneiden. Die Knoblauchzehen schälen und feinwürfeln. Die Peperonischote sehr fein hakken. Die Petersilie waschen, trockentupfen, von groben Stengeln befreien und kleinschneiden. ● Das Öl in einer Pfanne, die man auch zu Tisch bringen kann, erhitzen und die halbierten Scampi darin mit dem Knoblauch und der Peperonischote schnell unter Wenden anbraten. Die Petersilie hinzufügen, mit Salz würzen. Wenn der Knoblauch hellgelb ist, die Pfanne vom Herd nehmen und sofort servieren.

Das paßt dazu: frisches Weißbrot

◁ Für Pollo alla sabinese können Sie statt der schwarzen natürlich auch genausogut grüne Oliven verwenden. Rezept Seite 32.

# Südländische Gemüse

## Neapolitanischer Gemüsetopf

Bild 2. Umschlagseite

*Zutaten für 8 Personen:*
*500 g Auberginen · Salz · 500 g gelbe Paprikaschoten · 4 reife Fleischtomaten · 500 g Kartoffeln · 350 g Zwiebeln · 3 Knoblauchzehen · 3 Stengel Basilikum · ⅛ l Olivenöl · Pfeffer, frisch gemahlen · 1 Prise Peperoncinopulver (scharfes Paprikapulver)*
Pro Person etwa 937 Joule/220 Kalorien

● Zubereitungszeit: 1 Stunde und 30 Minuten

So wird's gemacht: Die Auberginen waschen und in Würfel schneiden, dabei die Enden entfernen. Die Fruchtwürfel in ein Sieb geben, mit Salz bestreuen, mit einem Teller beschweren und 30 Minuten ziehen lassen. Die Paprikaschoten waschen, putzen und in Streifen schneiden. Die Tomaten mit heißem Wasser überbrühen, enthäuten und kleinschneiden. Die Kartoffeln schälen, waschen und würfeln. Die Zwiebeln schälen und in Ringe schneiden. Die Knoblauchzehen schälen und feinhacken. Das Basilikum waschen, trockentupfen und die Blätter grobhakken. ● Das Öl in einer Kasserolle erhitzen und die Zwiebeln darin hellgelb braten. Den Knoblauch hineinrühren und 1 Minute mitschmoren lassen. Die Tomaten, die Paprikaschoten, die Kartoffeln, das Basilikum und die gut ausgedrückten Auberginen dazugeben. Mit wenig Salz, Pfeffer und dem Peperoncinopulver würzen. ● Das Gemüse zugedeckt bei schwacher Hitze etwa 1 Stunde schmoren lassen. Dabei ab und zu sanft umrühren und eventuell wenig Wasser dazugießen. Den Gemüsetopf heiß oder lauwarm servieren.

Paßt gut zu: gebratenem oder gegrilltem Fleisch

## Ratatouille

Das ist die französische Art des italienischen Gemüsetopfs. Übersetzt heißt Ratatouille »Fraß«, eine böswillige Verleumdung des köstlichen Gerichts!

*Zutaten für 8 Personen:*
*250 g Zwiebeln · 3 Knoblauchzehen · 500 g Tomaten · je 1 grüne, rote und gelbe Paprikaschote · 500 g Auberginen · 500 g Zucchini · ⅛ l Olivenöl · 1 Prise Zucker · Salz · Pfeffer, frisch gemahlen · je 1 Prise getrockneter Estragon und Rosmarin · ½ Teel. getrocknetes Basilikum · 1 Teel. getrockneter Thymian · ⅛ l trockner Weißwein · 1 Bund Petersilie*
Pro Person etwa 920 Joule/220 Kalorien

● Zubereitungszeit: etwa 1 Stunde

So wird's gemacht: Die Zwiebeln schälen und in feine Ringe schneiden. Die Knoblauchzehen schälen und sehr fein hacken. Die Tomaten mit heißem Wasser überbrühen, enthäuten und vierteln, dabei die Stengelansätze herausschneiden. Die Paprikaschoten putzen, waschen und in Streifen schneiden. Die Auberginen und die Zucchini waschen, abtrocknen und in Scheiben schneiden, dabei die Stengel- und Blütenansätze entfernen. ● Das Öl in einer großen Kasserolle erhitzen, die Zwiebelringe darin glasig braten und nacheinander die Paprikastreifen, die Auberginen- und Zucchinischeiben und die Tomaten einfüllen. Alles einige Minuten anschmoren. Mit dem Zucker, reichlich Salz und Pfeffer, dem Knoblauch und den getrockneten Kräutern würzen. ● Den Wein dazugießen und das Gericht etwa 30 Minuten bei schwacher Hitze kochen lassen. Dabei häufig umrühren. Zuletzt soll die Flüssigkeit fast eingekocht sein. ● Die Petersilie waschen, trockentupfen, feinhacken und über das Gemüse streuen.

## Südländische Gemüse

Paßt gut zu: gebratenem oder gegrilltem Fleisch, gebratenem Fisch und körnig gekochtem Reis. Ratatouille schmeckt auch kalt mit frischem Weißbrot.

> **Mein Tip** Lassen Sie Olivenöl nie zu heiß werden, es beginnt schnell zu rauchen und das Bratgut verbrennt leicht.

## Süß-saure Zucchini

*Zutaten für 4 Personen:*
*1 kg kleine Zucchini · 2 Eßl. Rosinen ·*
*3 Sardellenfilets · 3 Knoblauchzehen · 4 Eßl.*
*Olivenöl · 2 Eßl. Weinessig · 2 Eßl. Pinienkerne ·*
*1 Teel. Zucker · ½ Tasse Fleischbrühe · Salz*
Pro Person etwa 860 Joule/205 Kalorien

● Zubereitungszeit: 40 Minuten

So wird's gemacht: Die Zucchini waschen, abtrocknen und der Länge nach vierteln, dabei die Enden entfernen. Die Zucchiniviertel in etwa 3 cm lange Stifte schneiden. Die Rosinen in warmem Wasser waschen und trockentupfen. Die Sardellenfilets feinhacken. Die Knoblauchzehen schälen. ● Das Öl in einem Topf heiß werden lassen, die Knoblauchzehen darin hellgelb werden lassen, dann herausnehmen. Die Zucchinistifte in den Topf geben und unter Rühren leicht anbraten. Den Essig angießen, die Rosinen, die Sardellen, die Pinienkerne und den Zucker hinzufügen. Alles bei schwacher Hitze etwa 20 Minuten schmoren lassen. Ab und zu etwas Fleischbrühe dazugießen. ● Das Gericht eventuell mit Salz abschmecken.

Das paßt dazu: helles Bauernbrot oder körnig gekochter Reis

## Geknofelte Zucchini

Heiß serviert ist das gewürfelte Gemüse eine schmackhafte Beilage zu Fleischgerichten, kalt paßt es auf den Vorspeisenteller.

*Zutaten für 4 Personen:*
*750 g kleine Zucchini · 2–3 Knoblauchzehen ·*
*1 Bund Petersilie · 2 Eßl. Olivenöl · 2 Eßl.*
*Butter · Salz · schwarzer Pfeffer, frisch gemahlen*
Pro Person etwa 505 Joule/120 Kalorien

● Zubereitungszeit: 30 Minuten

So wird's gemacht: Die Zucchini waschen und abtrocknen. Die Blüten- und Stielansätze entfernen. Die Zucchini der Länge nach vierteln und quer in kleine Würfel schneiden. Die Knoblauchzehen schälen und durch die Presse drücken. Die Petersilie waschen, trockentupfen, von groben Stengeln befreien und feinhacken. ● Das Öl und die Butter in einem Topf erhitzen. Die Zucchiniwürfel und den Knoblauch dazugeben. Bei starker Hitze unter Rühren so lange braten, bis das Gemüse gar ist. ● Mit Salz und Pfeffer abschmecken und mit der Petersilie bestreuen. Heiß oder kalt servieren.

## Gefüllte Zucchinipakete

Bild Seite 37

*Zutaten für 4 Personen:*
*500 g junger Spinat · 4 Zucchini zu je etwa 250 g ·*
*3 Knoblauchzehen · 4 Eßl. Parmesankäse, frisch gerieben · 4 Eßl. Semmelbrösel · 1 großes Ei ·*
*2 Eßl. Öl · Salz · weißer Pfeffer, frisch gemahlen ·*
*4 lange Scheiben Frühstücksspeck · knapp ⅛ l*
*Fleischbrühe · 3 Eßl. trockener Weißwein*
Pro Person etwa 1380 Joule/330 Kalorien

## Südländische Gemüse

- Zubereitungszeit: 1 Stunde und 15 Minuten

So wird's gemacht: Den Spinat verlesen und gründlich waschen. Tropfnaß in einen Topf geben und bei mittlerer Hitze zusammenfallen lassen. In ein Sieb geben und abtropfen lassen. • Die Zucchini waschen, abtrocknen und der Länge nach halbieren, die Stielenden und Blütenansätze entfernen. Das Fruchtfleisch vorsichtig mit einem spitzen Löffel herauslösen, dabei einen schmalen Rand stehen lassen. Die Knoblauchzehen schälen, mit dem Fruchtfleisch der Zucchini feinhacken und in eine Schüssel geben. Den Spinat, den Parmesankäse, die Semmelbrösel, das Ei und das Öl dazugeben und alles gut verrühren. Mit Salz und Pfeffer würzen. • Die Zucchinihälften mit der Mischung füllen und je 2 Hälften zusammensetzen. Mit den Speckstreifen

Die Zucchini können ruhig üppig gefüllt werden. Die Speckscheiben halten alles gut zusammen.

umwickeln und mit Hölzchen (z. B. Zahnstocher) feststecken. • Die gefüllten Zucchini nebeneinander in einen breiten Topf legen, mit der Fleischbrühe und dem Wein übergießen und im geschlossenen Topf bei schwacher bis mittlerer Hitze etwa 40 Minuten garen.

Das paßt dazu: Stangenweißbrot

## Geschmorter Broccoli

*Zutaten für 4 Personen:*
*1 kg Broccoli · 2 Knoblauchzehen · 4 Eßl. Öl oder Schmalz · etwa ¼ l trockener Weißwein · Salz · schwarzer Pfeffer, frisch gemahlen*
Pro Person etwa 500 Joule/120 Kalorien

- Zubereitungszeit: 35 Minuten

So wird's gemacht: Den Broccoli in nicht zu kleine Röschen teilen, die harten Blätter und Stielenden entfernen. Die Röschen gründlich waschen und gut abtropfen lassen. Die Knoblauchzehen schälen und feinhacken. • Das Öl oder das Schmalz in einem breiten Topf erhitzen und den Knoblauch darin hellgelb braten. Den Broccoli hinzufügen, einmal gut durchschwenken und den Wein langsam nach und nach dazugießen. Mit Salz und Pfeffer würzen. • Das Gemüse in etwa 20 Minuten bißfest schmoren lassen.

## Auberginen-Rouladen

*Zutaten für 4 Personen:*
*2 große Auberginen von je etwa 400 g · Saft von 1 Zitrone · 200 g Schinkenspeck · 1 Bund Basilikum · 5 Knoblauchzehen · 5 Eßl. Tomatenmark · Salz · Pfeffer, frisch gemahlen · ⅛ l Fleischbrühe · 4 Eßl. Semmelbrösel · 3 Eßl. Öl*
*Für die Form: Öl*
Pro Person etwa 1980 Joule/470 Kalorien

- Zubereitungszeit: etwa 1 Stunde

So wird's gemacht: Die Auberginen waschen und der Länge nach in etwa 1½ cm dicke Scheiben schneiden, dabei die Enden entfernen. • Wasser in einem breiten Topf mit dem Zitronensaft zum Kochen bringen und die Scheiben darin

## Südländische Gemüse

2 Minuten sprudelnd kochen lassen, abtropfen lassen und trockentupfen. • Den Schinkenspeck in kleine Würfel schneiden. Das Basilikum waschen, trockenschleudern und die Blätter grobhacken. Die Knoblauchzehen schälen, durch die Presse in eine Schüssel drücken und mit dem Tomatenmark, dem Schinkenspeck und dem Basilikum verrühren. Mit Salz und Pfeffer kräftig würzen. • Eine flache feuerfeste Form mit Öl ausstreichen. Den Backofen auf 225° vorheizen. • Die Auberginenscheiben mit der Knoblauchmischung bestreichen, je 2 Scheiben etwas überlappend hintereinanderlegen, zu Rouladen aufrollen und dicht nebeneinander in die Form setzen, mit den offenen Seiten nach oben. • Die Fleischbrühe darübergießen. • Die Semmelbrösel mit dem Öl vermengen und auf den Rouladen verteilen. Auf der mittleren Schiene des Ofens etwa 35 Minuten backen.

## Italienisches Bohnengemüse

*Zutaten für 4 Personen:*
*750 g grüne Bohnen · 1 große Zwiebel · 2 Knoblauchzehen · 500 g Tomaten · 3 Eßl. Olivenöl · ⅛ l heiße Fleischbrühe · 1 Zweig Bohnenkraut · Salz · schwarzer Pfeffer, frisch gemahlen · 1 Bund Petersilie*
Pro Person etwa 710 Joule/170 Kalorien

• Zubereitungszeit: 45 Minuten

So wird's gemacht: Die Bohnen putzen, waschen und in grobe Stücke brechen. Die Zwiebel schälen und in Ringe schneiden. Die Knoblauchzehen schälen und feinhacken. Die Tomaten mit heißem Wasser überbrühen, enthäuten und kleinschneiden, dabei die Stengelansätze herausschneiden. • Das Öl in einem Topf erhitzen, zuerst die Zwiebelringe darin hellgelb braten, dann den Knoblauch und die Tomaten hineinrühren und zugedeckt 5 Minuten schmoren lassen. • Die Bohnen untermischen, die Fleischbrühe angießen und das Bohnenkraut auf das Gemüse legen. Das Gericht im geschlossenen Topf etwa 25 Minuten bei schwacher Hitze kochen lassen. Die Bohnen sollten nicht zu weich werden. • Die Petersilie waschen, trockentupfen, von groben Stengeln befreien und feinhacken. • Das Bohnenkraut entfernen, das Gemüse mit Salz und Pfeffer würzen und die Petersilie darüberstreuen.

## Kärntner Blumenkohl

Meinem Kärntner Freund Karlchen ist alles Landläufige zuwider, und so experimentiert er auch in seiner Küche. Mit diesem »Karfiol-Rezept« landete er einen Treffer.

*Zutaten für 4 Personen:*
*1 Blumenkohl · Salz · 4 Knoblauchzehen · 1 Bund Petersilie · 3 hartgekochte Eier · ⅒ l Olivenöl*
Pro Person etwa 1040 Joule/250 Kalorien

• Zubereitungszeit: 35 Minuten

So wird's gemacht: Den Blumenkohl in Röschen teilen und diese gut waschen. • Wasser mit Salz zum Kochen bringen und die Röschen darin in etwa 15 Minuten bißfest kochen. • Die Knoblauchzehen schälen und feinhacken. Die Petersilie waschen, trockentupfen, von groben Stengeln befreien und kleinschneiden. Die Eier schälen und feinhacken. • Den Blumenkohl abgießen, abtropfen lassen und auf einer Servierplatte warm stellen. • Das Öl mit etwas Salz, dem Knoblauch und der Petersilie in einer Pfanne unter Rühren erhitzen, bis der Knoblauch goldgelb ist. Den Blumenkohl mit dem Knoblauchöl begießen und mit den gehackten Eiern bestreuen.

# Eintöpfe und Aufläufe

## Bunte Risottopfanne

*Zutaten für 4 Personen:*
*20 g getrocknete Steinpilze · 500 g*
*Schweineschnitzel · 200 g Möhren · 1 Zwiebel ·*
*3 Eßl. Olivenöl · 250 g italienischer Reis ·*
*2 Knoblauchzehen · ¾ l heiße Fleischbrühe · 300 g*
*tiefgefrorene Erbsen · Salz · Pfeffer, frisch*
*gemahlen · Saft von ½ Zitrone*
*Pro Person etwa 2590 Joule/620 Kalorien*

- Zubereitungszeit: 45 Minuten

So wird's gemacht: Die Pilze 20 Minuten in ⅛ l lauwarmem Wasser einweichen. • Das Fleisch in feine Streifen schneiden. Die Möhren schaben, waschen und würfeln. Die Zwiebel schälen und feinhacken. • Das Öl in einer großen tiefen Pfanne erhitzen und das Fleisch darin rundherum anbraten. Den Reis und die Zwiebel hinzufügen und unter Rühren glasig werden lassen. • Die Knoblauchzehen schälen und durch die Presse dazudrücken. Die Möhren hinzufügen und mit der Fleischbrühe aufgießen. Alles bei schwacher Hitze 10 Minuten in der geschlossenen Pfanne kochen lassen. • Die unaufgetauten Erbsen und die Pilze mit dem Einweichwasser dazugeben und weitere 10 Minuten köcheln lassen. • Das Gericht mit Salz, Pfeffer und dem Zitronensaft würzig abschmecken.

## Italienischer Linseneintopf

*Zutaten für 4 Personen:*
*200 g Linsen · gut 1 l Wasser · ½ kleine*
*Sellerieknolle · 1 Stengel Selleriegrün ·*
*6 Knoblauchzehen · 125 g durchwachsener*
*Speck · 450 g geschälte Tomaten aus der Dose ·*
*Salz · schwarzer Pfeffer, frisch gemahlen · gekörnte Brühe · 200 g Spaghetti*
*Pro Person etwa 2595 Joule/620 Kalorien*

- Einweichzeit: 12 Stunden
- Zubereitungszeit: 1 Stunde und 10 Minuten

So wird's gemacht: Die Linsen über Nacht in dem Wasser quellen lassen. • Die Sellerieknolle und das Selleriegrün waschen. Die Knolle und die Knoblauchzehen schälen. Alles unzerkleinert mit den Linsen und dem Speck im Einweichwasser aufsetzen und bei schwacher Hitze etwa 50 Minuten kochen lassen. • Nach 30 Minuten Kochzeit die Tomaten mit dem Saft einrühren. Sollte die Konsistenz zu dick sein, etwas heißes Wasser dazugießen. • Das Selleriegrün und die Knolle entfernen. Den Speck aus dem Topf nehmen. Das Gericht mit Salz, Pfeffer und gekörnter Brühe würzen. • Die Spaghetti in etwa 5 cm lange Stücke brechen und in Salzwasser bißfest kochen. Abgießen, mit warmem Wasser abbrausen, abtropfen lassen und in den Linsentopf mischen.

> **Mein Tip** Der Speck wird nicht in den Eintopf geschnitten. Er schmeckt abgekühlt mit Senf auf Bauernbrot.

## Gratin dauphinois

Die französischen Prinzen führten jahrhundertelang den Titel Dauphin. Knoblauchliebhabern wird der Kartoffelauflauf gleichen Namens sicher mehr bringen als Prinzengeschichten längst vergangener Tage.

*Zutaten für 4–6 Personen:*
*1 kg speckige Kartoffeln · Salz · weißer Pfeffer,*
*frisch gemahlen · 1 gute Prise geriebene*

## Eintöpfe und Aufläufe

Muskatnuß · 4 Knoblauchzehen · 2 Eier · ¼ l Sahne · ¼ l Milch · 4 Eßl. Butter · 150 g Greyerzer oder Emmentaler Käse, frisch gerieben
Pro Person etwa 2595 Joule/620 Kalorien

● Zubereitungszeit: 1 Stunde und 20 Minuten

So wird's gemacht: Die Kartoffeln schälen und in dünne Scheiben schneiden. Die Kartoffelscheiben mit kaltem Wasser abspülen, mit Küchenkrepp trockentupfen und in einer Schüssel mit Salz, Pfeffer und dem Muskat mischen. ● Die Knoblauchzehen schälen. ● Die Eier mit der Sahne und der Milch verquirlen, 2 Knoblauchzehen durch die Presse dazudrücken. Die Mischung leicht salzen. ● Eine große feuerfeste Form mit den restlichen Knoblauchzehen kräftig einreiben und mit der Hälfte der Butter ausstreichen. Den Backofen auf 200° vorheizen. ● Die gewürzten Kartoffelscheiben dachziegelartig in 3 Schichten in die Form legen. Jede Schicht mit etwas Eiermilch beträufeln und mit etwas Reibkäse bestreuen. Die letzte Kartoffelschicht dicht mit dem Reibkäse bestreuen, die restliche Eiermilch angießen und die Butter in Flöckchen daraufsetzen. ● Den Auflauf auf der mittleren Schiene des Ofens etwa 1 Stunde backen.

Das paßt dazu: frischer Salat der Jahreszeit, kurzgebratenes Fleisch oder geschmorte Lammkeule

## Chili con carne

Bild Seite 19

Ein feuriger Hackfleisch-Bohnen-Eintopf aus Lateinamerika, den man auch in den USA sehr gerne ißt.

Zutaten für 4 Personen:
1 große Zwiebel · 5 Knoblauchzehen · 1 grüne Paprikaschote · 4 Eßl. Öl · 500 g gemischtes Hackfleisch · 2 getrocknete Chilischoten · 850 g geschälte Tomaten aus der Dose · 1 Lorbeerblatt · ½ Teel. getrockneter Oregano · 480 g rote Bohnen aus der Dose · Salz · schwarzer Pfeffer, frisch gemahlen · Cayennepfeffer · Tabascosauce
Pro Person etwa 2335 Joule/555 Kalorien

● Zubereitungszeit: 1 Stunde

So wird's gemacht: Die Zwiebel schälen und würfeln. Die Knoblauchzehen schälen und feinhacken. Die Paprikaschote putzen, waschen und in kleine Stücke schneiden. ● Das Öl in einer großen Kasserolle heiß werden lassen und die Zwiebel und den Knoblauch darin glasig braten. Das Hackfleisch und die Paprikaschote dazugeben und bei starker Hitze unter Rühren 5 Minuten anbraten, weitere 5 Minuten bei schwacher Hitze schmoren lassen. ● Die Chilischoten kleinschneiden. ● Die Tomaten mit dem Saft einrühren, den Oregano und die Chilischoten hinzufügen. Alles bei schwacher Hitze 20 Minuten kochen lassen. ● Die Bohnen abtropfen lassen und zur Fleischmischung geben. Das Gericht weitere 10–15 Minuten köcheln lassen. ● Den Eintopf mit Salz, Pfeffer, Cayennepfeffer und Tabascosauce scharf abschmecken.

Das paßt dazu: Stangenweißbrot

## Saftiger Speckauflauf

Zutaten für 4–6 Personen:
250 g durchwachsener Speck · 8 Knoblauchzehen · 1 kleine Zwiebel · 300 g speckige Kartoffeln · 200 g roher Schinken, dünn aufgeschnitten · ½ l Sahne · 2 Eier · geriebene Muskatnuß · Salz · weißer Pfeffer, frisch gemahlen
Für die Form: Butter
Pro Person etwa 3105 Joule/740 Kalorien

## Eintöpfe und Aufläufe

• Zubereitungszeit: etwa 1 Stunde

So wird's gemacht: Den Speck in kleine Würfel schneiden. Die Knoblauchzehen schälen und feinhacken. Die Zwiebel schälen und feinwürfeln. Die Kartoffeln schälen, waschen und in dünne Scheiben schneiden. • Den Speck in einer Pfanne auslassen, den Knoblauch und die Zwiebel darin glasig werden lassen. • Eine flache feuerfeste Form mit wenig Butter ausstreichen. Den Backofen auf 220° vorheizen. • Die Form mit den Schinkenscheiben auslegen. Die Hälfte der Kartoffelscheiben darauf verteilen. Die Speckmischung darüberstreichen und mit den restlichen Kartoffelscheiben zudecken. • Die Sahne mit den Eiern verquirlen, mit Muskat, Salz und Pfeffer würzen. • Die Eiersahne gleichmäßig über die letzte Kartoffelschicht gießen. Den Auflauf auf der mittleren Schiene des Ofens in etwa 40 Minuten backen.

Das paßt dazu: Kopf- oder Feldsalat

## Melanzane alla parmigiana

Auberginen mit Käse überbacken
Bild nebenstehend

Das ist der italienische Auflauf schlechthin: mit Auberginen, Tomaten, Parmesan, Mozzarella und natürlich viel Knoblauch.

*Zutaten für 4 Personen:*
*2 mittelgroße Auberginen · Salz · 850 g geschälte Tomaten aus der Dose · 6 Knoblauchzehen · 1 Bund Petersilie · 250 g Mozzarella Käse · etwa ⅛ l Olivenöl · 2 Eßl. Tomatenmark · 1 Lorbeerblatt · schwarzer Pfeffer, frisch gemahlen · 50 g Parmesankäse, frisch gerieben*

*Für die Form: Olivenöl*
Pro Person etwa 2220 Joule/530 Kalorien

• Zubereitungszeit: 1 Stunde

So wird's gemacht: Die Auberginen waschen, abtrocknen und in 1 cm dicke Scheiben schneiden, dabei die Stielansätze entfernen. Die Scheiben von beiden Seiten salzen und zugedeckt 30 Minuten ruhen lassen. • Die Tomaten leicht abtropfen lassen, mit einer Gabel zerdrücken. Die Petersilie waschen, trockentupfen, von groben Stengeln befreien und grobhacken. Den Mozzarella in Scheiben schneiden. • 1 Eßlöffel Öl in einer Kasserolle erhitzen, das Tomatenmark und die Tomaten hineinrühren. Die Knoblauchzehen dazupressen, das Lorbeerblatt hineinlegen und die Sauce mit Salz und Pfeffer würzen. Alles bei schwacher Hitze etwa 30 Minuten einkochen lassen. • Die Auberginenscheiben abbrausen und mit Küchenkrepp trockentupfen. • Das restliche Öl in einer weiten Pfanne erhitzen und die Scheiben darin portionsweise auf beiden Seiten hellbraun braten. Auf Küchenkrepp abtropfen lassen. Die Tomatensauce vom Herd nehmen, das Lorbeerblatt herausnehmen, den Parmesankäse und die Petersilie hineinrühren. • Eine flache feuerfeste Form mit Öl ausstreichen. Den Backofen auf 180–200° vorheizen. • Eine Schicht Auberginen auf den Boden der Form legen, mit der Hälfte der Tomatensauce und der Hälfte des Mozzarella-Käses bedecken. Die Schichten noch einmal wiederholen. • Den Auflauf auf der mittleren Schiene des Ofens 20 Minuten überbacken.

Das paßt dazu: Weißbrot

Auch Freunde fleischloser Kost werden von der Melanzane alla parmigiana begeistert sein. Rezept auf dieser Seite. ▷

# Gnocchi verdi »Strangolapreti«

Spinatknödel mit Tomatensauce
Bild nebenstehend

Um das Jahr 1330 war ein pfiffiges Bauernvolk südlich der Alpen gar nicht mit seinem strengen Priester einverstanden. Sie luden ihn zu einem Mahl ein und wollten ihn mit den stark geknofelten Knödeln so vollstopfen, daß er sich daran erwürgen sollte. Er vertilgte genüßlich einen Knödel nach dem anderen, aber siehe da, es ging ihm immer besser und aus dem Strangulieren wurde nichts. Auch Papst Johannes Paul II. probierte das »anrüchige« Gericht mit zunehmendem Wohlgefallen. So konnte ich die im Trentino so genannten Canedeli meiner Familie guten Gewissens vorsetzen – sie bekamen uns prächtig.

*Zutaten für 5 Personen:*
*Für die Sauce: 1 Zwiebel · 4 große Knoblauchzehen · 2 Stengel Basilikum · 850 g geschälte Tomaten aus der Dose · 3 Eßl. Olivenöl · 2 Eßl. Tomatenmark · 1 Teel. getrockneter Oregano · 1 Lorbeerblatt · 2 Teel. Zucker · Salz · schwarzer Pfeffer, frisch gemahlen*
*Für die Knödel: 500 g Knödelbrot von 10–12 Brötchen · ¼ l lauwarme Fleischbrühe · 250 g junger Spinat · ½ Bund Petersilie · 2 Knoblauchzehen · 75 g Parmesankäse, frisch gerieben · 3 Eier · Salz · eventuell Semmelbrösel*
Pro Person etwa 2074 Joule/490 Kalorien

● Zubereitungszeit: 1 Stunde und 15 Minuten

◁ Hier sehen Sie genau, wie sie gemacht werden, die herzhaften Gnocchi verdi »Strangolapreti«. Rezept auf dieser Seite.

So wird's gemacht: Die Zwiebel schälen und feinhacken. Die Knoblauchzehen schälen und sehr fein hacken. Das Basilikum waschen, trockentupfen, die Blätter abzupfen und kleinschneiden. Die Tomaten abtropfen lassen und zerkleinern. ● Das Öl in einem Topf erhitzen und die Zwiebel darin unter häufigem Rühren glasig braten. Den Knoblauch dazugeben und 1–2 Minuten mitschmoren lassen. ● Die Tomaten mit der Hälfte des Saftes und das Tomatenmark hineinrühren. Das Basilikum, den Oregano, das Lorbeerblatt und den Zucker hinzufügen, mit Salz und Pfeffer würzen. Die Sauce im offenen Topf bei schwacher Hitze 1 Stunde einkochen lassen, dabei gelegentlich umrühren. ● Das Knödelbrot in einer Schüssel mit der Fleischbrühe übergießen und zugedeckt beiseite stellen. ● Den Spinat verlesen, gut waschen, tropfnaß in einen Topf geben und bei mittlerer Hitze zusammenfallen lassen. In einem Sieb abtropfen lassen, dann kleinschneiden. Die Petersilie waschen, trockentupfen, von groben Stengeln befreien und feinhakken. ● Die Knoblauchzehen schälen und durch die Presse zu dem eingeweichten Brot drücken. Den Spinat, die Petersilie, den Parmesankäse, die Eier und Salz dazugeben. Alles gründlich zu einem festen Teig vermengen und 20 Minuten zugedeckt stehen lassen. ● Reichlich Salzwasser in einem großen Topf zum Kochen bringen. Aus dem Teig (sollte er nicht fest genug sein, etwas Semmelbrösel einkneten) mit nassen Händen Knödel formen, in das Salzwasser hineinlegen und 20 Minuten bei schwacher Hitze ziehen lassen. Abgetropft mit der Sauce servieren.

**Mein Tip** Für die Knödel können Sie auch tiefgefrorenen Blattspinat verwenden. Die Sauce paßt auch gut zu frisch gekochten Nudeln, Ravioli und Fleischklößchen.

# Fleisch, raffiniert gewürzt

## Kalbshaxe mit viel Knoblauch

Durch die lange Garzeit ist der Knoblauch ziemlich entschärft. Die Zehen werden am Ende aus der Sauce gefischt und extra als Brotaufstrich zu den Haxenscheiben serviert.

*Zutaten für 4 Personen:*
*2 große Zwiebeln · 2 große Möhren · 4 Scheiben Kalbshaxe zu je etwa 300 g · Salz · schwarzer Pfeffer, frisch gemahlen · Mehl · 4 Eßl. Öl · 1 Eßl. Butter · 1 Teel. getrockneter Thymian · 1 Messerspitze getrockneter Rosmarin · ¼ l trockener Weißwein · etwa ¼ l Fleischbrühe · 12 Knoblauchzehen · 1 Bund Petersilie*
Pro Person etwa 1740 Joule/415 Kalorien

- Zubereitungszeit: 1 Stunde und 30 Minuten

So wird's gemacht: Die Zwiebeln schälen und in dicke Scheiben schneiden. Die Möhren schaben, waschen und ebenfalls in dicke Scheiben schneiden. Die Fleischscheiben waschen und abtrocknen, mit Salz und Pfeffer einreiben und in wenig Mehl wenden. • Das Öl in einer großen Kasserolle erhitzen, die Fleischstücke darin rundherum braun anbraten und wieder herausnehmen. • Die Butter in der Kasserolle schmelzen lassen und die Zwiebeln und die Möhren unter Wenden anschmoren, die Zwiebeln sollen kaum Farbe annehmen. Mit dem Thymian und dem Rosmarin würzen. • Die Haxenscheiben auf das Gemüse legen. Den Weißwein angießen und bei schwacher Hitze etwas einkochen lassen. Mit der Fleischbrühe auffüllen, langsam zum Kochen bringen. • Die Knoblauchzehen schälen, mit der Breitseite einer Messerklinge leicht andrücken und in die Brühe geben. Das Fleisch auf dem Herd bei schwacher Hitze oder im vorgeheizten Backofen bei 180° in etwa 1 Stunde garen. • Die Haxenscheiben aus der Kasserolle nehmen und auf einer Servierplatte warm stellen. Den restlichen Inhalt der Kasserolle durch ein Sieb gießen, die Sauce auffangen, die Zwiebeln und die Möhren um das Fleisch anrichten, die Knoblauchzehen in einer kleinen Schüssel gesondert servieren. Die Sauce noch einmal erhitzen, eventuell etwas einkochen lassen und über das Fleisch und das Gemüse gießen. • Die gewaschene Petersilie trockentupfen, feinhacken und vor dem Servieren über das Gemüse streuen.

Das paßt dazu: geröstetes frisches Weißbrot

## Marinierte Lammkoteletts

*Zutaten für 4 Personen:*
*8 Lammkoteletts zu je 80 g · grober schwarzer Pfeffer, frisch gemahlen · 5 Eßl. Olivenöl · 1 Eßl. Zitronensaft · ½ Teel. getrocknetes Basilikum · 1–2 Teel. getrockneter Thymian · 2 Knoblauchzehen · Salz*
Pro Person etwa 1690 Joule/405 Kalorien

- Marinierzeit: mindestens 2 Stunden
- Zubereitungszeit: 20 Minuten

So wird's gemacht: Die Lammkoteletts kräftig mit Pfeffer einreiben. Aus dem Olivenöl, dem Zitronensaft und den getrockneten Kräutern eine Marinade mischen. Die Knoblauchzehen schälen, durch die Presse dazudrücken und alles gut verrühren. • Die Koteletts in der Marinade wenden und aufeinandergeschichtet in eine Schüssel geben. Die verbliebene Marinade darübergießen. Das Fleisch zugedeckt mindestens 2 Stunden, besser noch über Nacht, im Kühlschrank ruhen lassen. • Eine Grillpfanne oder große Bratpfanne heiß werden lassen und die Koteletts darin auf jeder Seite 2–3 Minuten braten, dabei mit der abgetropften Marinade aus der Schüssel bestreichen. Die Lammkoteletts salzen und sehr heiß servieren.

Das paßt dazu: Butterbohnen und körnig gekochter Reis oder Tomatensalat und Stangenweißbrot

**Variante:** 4 Eßlöffel trockener Rotwein, 2 Eßlöffel Olivenöl, 4 geschälte, durch die Presse gedrückte Knoblauchzehen und 1 Eßlöffel getrockneter Rosmarin zu einer Marinade rühren, 2 kleine Lorbeerblätter dazugeben. 4 doppelte Lammkoteletts zu je 200 g über Nacht in der Marinade ziehen lassen. Die abgetropften Koteletts unter dem Grill von jeder Seite 4–5 Minuten grillen. Salzen und pfeffern.

**Variante:** 4 Eßlöffel trockener Weißwein, 3 Eßlöffel Olivenöl, 1 Eßlöffel Zitronensaft, 3 große feingehackte Knoblauchzehen, 1 Teelöffel feingehackte Zwiebeln, 1 Eßlöffel brauner Zucker, je 1 Eßlöffel feingehackte Petersilie und gehacktes Basilikum, 1 Teelöffel gehackter Rosmarin und eine Prise getrockneter Oregano zu einer Marinade rühren. 4 doppelte Lammkoteletts über Nacht in der Marinade ziehen lassen. Die abgetropften Koteletts unter dem Grill 4–5 Minuten von jeder Seite grillen.

**Variante:** 2 Eßlöffel mittelscharfer Senf, 2 Eßlöffel Weinessig, 3 Eßlöffel Olivenöl, 2 Eßlöffel Tomatenketchup und 1 Eßlöffel gehackter Estragon zu einer Marinade rühren. 4 doppelte Lammkoteletts zu je 200 g zugedeckt mindestens 2 Stunden in der Marinade ziehen lassen. Die abgetropften Koteletts in wenig heißem Öl in der Bratpfanne von jeder Seite etwa 4 Minuten braten.

# Geschmorte Lammhaxen

An unserem großen Küchentisch sitzen seit Wochen gestandene Knaben über dicken Wälzern und lernen für's Diplom. Als Ausgleich und zur Erbauung wälzen sie dann Fleisch in Mehl, Bröseln oder Kräutern und kochen auf das feinste. Hier ein löbliches Ergebnis, das bei uns im Familienkreis nur »Lammhaxen Examensart« genannt wird.

*Zutaten für 4 Personen:*
*480 g geschälte Tomaten aus der Dose ·*
*3 Knoblauchzehen · 1 große Zwiebel ·*
*5 Salbeiblätter · 1–2 Eßl. Zitronensaft · ½ Teel.*
*getrockneter Oregano · ½ Teel. Selleriesalz ·*
*4 Lammhaxen je 300–400 g · Salz · schwarzer*
*Pfeffer, frisch gemahlen · Mehl · 2–3 Eßl. Öl ·*
*eventuell trockener Rotwein*
Pro Person etwa 2555 Joule/610 Kalorien

● Zubereitungszeit: etwa 2 Stunden

So wird's gemacht: Die Tomaten mit dem Saft in eine Schüssel geben. Die Knoblauchzehen schälen und durch die Presse dazudrücken. Die Zwiebel schälen und feinhacken. Den Salbei waschen, trockentupfen und kleinschneiden. Beides zu den Tomaten geben und alles gut verrühren, dabei die Tomaten mit einer Gabel zerdrücken. Mit dem Zitronensaft, dem Oregano und dem Selleriesalz würzen. ● Die Haxen waschen, abtrocknen, kräftig mit Salz und Pfeffer einreiben und leicht in Mehl wenden. ● Das Öl in einer großen Kasserolle erhitzen und die Lammhaxen darin rundherum bei starker Hitze scharf anbraten. Die Tomatenmischung über das Fleisch gießen. In der geschlossenen Kasserolle etwa 1½ Stunden schmoren lassen. Sollte zu viel Flüssigkeit verdampfen, etwas Rotwein aufgießen.

Das paßt dazu: Weißbrot oder Landbrot

## Schweinebraten griechische Art

*Zutaten für 4 Personen:
1 kg Schweineschulter ohne Knochen ·
4 Knoblauchzehen · 3 Eßl. Olivenöl · 1 Teel.
Zitronensaft · 1 Teel. mittelscharfer Senf · je
½ Teel. getrockneter Thymian, Rosmarin und
Oregano · Salz · schwarzer Pfeffer, frisch
gemahlen · 2 Eßl. Butter · 600 g Kartoffeln ·
4 Zwiebeln · 2 große Fleischtomaten
Pro Person etwa 4890 Joule/1160 Kalorien*

- Zubereitungszeit: 1 Stunde und 45 Minuten
- Ruhezeit: 2 Stunden

<u>So wird's gemacht:</u> Das Fleisch mit Küchenkrepp trockentupfen. Die Knoblauchzehen schälen und durch die Presse in eine kleine Schüssel drücken. Mit dem Öl, dem Zitronensaft und dem Senf gut verrühren. Die getrockneten Kräuter untermischen, mit Salz und Pfeffer würzen. • Das Schweinefleisch kräftig mit der Mischung einreiben und 2 Stunden ruhen lassen. • Den Backofen auf 220° vorheizen. • Die Butter in einer Bratenpfanne erhitzen und das Fleisch darin rundherum anbraten, dann auf der mittleren Schiene des Ofens 1½ Stunden schmoren lassen, dabei mehrmals mit dem Bratensaft beschöpfen. • Die Kartoffeln schälen, waschen und in grobe Stücke schneiden. Die Zwiebeln schälen und vierteln. Die Tomaten mit heißem Wasser überbrühen, enthäuten und achteln, dabei die Stengelansätze entfernen. • Die Kartoffeln und die Zwiebeln nach 1 Stunde zum Braten geben, 10 Minuten später die Tomaten hinzufügen. Das Gemüse leicht salzen. • Das Gericht in der Bratenpfanne servieren.

## Gespickter Schweinebraten in Biersauce

*Zutaten für 4 Personen: 5 Knoblauchzehen ·
250 g mittelgroße Zwiebeln · 1 kg Schweinenakken mit Knochen · Salz · schwarzer Pfeffer, frisch
gemahlen · 3 Eßl. Öl oder Schmalz · ¼ l dunkles
Bier · 2 Stengel Majoran · 500 g kleine
Tomaten · 350 g frische Champignons · 1 Eßl.
Tomatenmark · Tabascosauce
Pro Person etwa 3650 Joule/870 Kalorien*

- Zubereitungszeit: 1 Stunde und 25 Minuten

<u>So wird's gemacht:</u> Die Knoblauchzehen schälen und in Stifte schneiden. Die Zwiebeln schälen und vierteln. Das Fleisch mit Salz und Pfeffer einreiben, mit einem spitzen Messer in gleichmäßigen Abständen einstechen und mit den Knoblauchstiften spicken. • Das Öl oder das Schmalz in einer Kasserolle erhitzen und das Fleisch darin rundherum braun anbraten. Die Zwiebeln hinzufügen und goldgelb werden lassen. Das Bier dazugießen und den Majoran auf den Braten legen. Alles im geschlossenen Topf bei milder Hitze 1 Stunde schmoren lassen. • Die Tomaten mit heißem Wasser überbrühen, ent-

Tomaten lassen sich leicht enthäuten, wenn sie vorher mit kochendem Wasser überbrüht werden.

häuten und die Stengelansätze vorsichtig herausschneiden. Die Champignons waschen und putzen, große Pilze halbieren. • Die Tomaten und die Pilze zum Fleisch geben und noch 8 Minuten mitschmoren lassen. • Den Majoran entfernen. Die Bier-Gemüse-Sauce mit dem Tomatenmark, Salz, Pfeffer und einem Tropfen Tabascosauce abschmecken.

## Frikadellen Florentiner Art

*Zutaten für 4 Personen:*
*2 Pellkartoffeln · 2 Knoblauchzehen · ½ Bund Petersilie · 2 Eßl. Semmelbrösel · 3 Eßl. Milch · 350 g Rinderhackfleisch · 2 Eier · 3 Eßl. Parmesankäse, frisch gerieben · Salz · geriebene Muskatnuß · 5 Eßl. Olivenöl · 1 Zitrone, in Spalten geschnitten*
*Zum Wenden: Semmelbrösel*
Pro Person etwa 1680 Joule/400 Kalorien

● Zubereitungszeit: 30 Minuten

So wird's gemacht: Die Pellkartoffeln schälen und reiben. Die Knoblauchzehen schälen und feinhacken. Die Petersilie waschen, trockentupfen, von groben Stengeln befreien und feinhacken. Die Semmelbrösel mit der Milch verrühren. • Das Hackfleisch mit den Eiern, dem Parmesankäse und den anderen vorbereiteten Zutaten gut verkneten. Mit Salz und Muskat abschmecken. • Aus dem Fleischteig 8 flache Fleischbällchen formen und in Semmelbröseln wenden. • Das Öl in einer Pfanne erhitzen und die Frikadellen von beiden Seiten in etwa 7 Minuten knusprig braten. • Mit Zitronenspalten garniert servieren.

Das paßt dazu: Blattspinat und Salzkartoffeln

## Spanisches Ochsenschwanzragout

*Zutaten für 4 Personen:*
*1 kg Ochsenschwanz · 125 g Schinkenspeck · 2 Gemüsezwiebeln · 3 Knoblauchzehen · 5 Eßl. Olivenöl · 4 Eßl. trockener Sherry · ½ l heiße Fleischbrühe · 1 Teel. getrockneter Thymian · 1 Lorbeerblatt · 2 Fleischtomaten · Salz · schwarzer Pfeffer, frisch gemahlen · 1 Prise Zucker · 1 Prise Cayennepfeffer*
Pro Person etwa 2850 Joule/680 Kalorien

● Zubereitungszeit: etwa 2 Stunden

So wird's gemacht: Den Ochsenschwanz vom Metzger in etwa 4 cm große Stücke hacken lassen. Die Stücke abspülen und gut abtrocknen. Den Schinkenspeck in Streifen schneiden. Die Zwiebeln schälen und grobwürfeln. Den Knoblauch schälen und feinhacken. • Das Öl in einer großen Kasserolle erhitzen und die Ochsenschwanzstücke darin rundherum anbräunen. Den Schinkenspeck und die Zwiebeln dazugeben und glasig braten. Den Knoblauch hineinrühren und mit 2 Eßlöffeln Sherry und der Hälfte der Fleischbrühe ablöschen. Den Thymian und das Lorbeerblatt hinzufügen. Alles zugedeckt bei schwacher Hitze 1½ Stunden schmoren lassen. Während der Garzeit öfters etwas Fleischbrühe dazugießen; die Ochsenschwanzstücke sollen immer leicht mit Flüssigkeit bedeckt sein. • Die Tomaten mit heißem Wasser überbrühen, enthäuten und kleinschneiden, dabei die Stengelansätze und die Kerne entfernen. • Die Tomaten zu dem Ragout geben und noch 10 Minuten ohne Deckel köcheln lassen. • Das Lorbeerblatt entfernen und das Gericht mit Salz, Pfeffer, dem Zucker, dem Cayennepfeffer und dem restlichen Sherry abschmecken.

**Fleisch, raffiniert gewürzt**

## Schweinerippenbraten

*Zutaten für 4 Personen:*
*3 Knoblauchzehen · 6 Schweinerippen am Stück · 1 Eßl. Senf · Salz · schwarzer Pfeffer, frisch gemahlen · 2 Eßl. Butter · ¼ l heiße Fleischbrühe · 1 Zwiebel · 2 Lorbeerblätter · 2 Möhren · 100 g Sellerie · 2 Tomaten*
Pro Person etwa 2720 Joule/650 Kalorien

● Zubereitungszeit: 1 Stunde und 45 Minuten

So wird's gemacht: Die Knoblauchzehen schälen und längs halbieren. Das Schweinerippenstück oben zwischen den Knochen mit einem spitzen Messer leicht einschneiden und in jede Kerbe ½ Knoblauchzehe stecken. ● Den Backofen auf 220° vorheizen. ● Das Fleisch mit dem Senf, Salz und Pfeffer einreiben und in einen Brattopf legen. ● Die Butter in einem kleinen Topf zerlassen und über das Fleisch gießen. Die Hälfte der Fleischbrühe in den Bratentopf geben und den Braten etwa 1½ Stunden im Ofen garen lassen, dabei öfter mit dem Bratensaft beschöpfen. ● Die Zwiebel schälen, halbieren und mit den halbierten Lorbeerblättern spicken. Die Möhren schaben, waschen und in dicke Scheiben schneiden. Den Sellerie schälen, waschen und grobwürfeln. Die Tomaten waschen, halbieren, dabei die Stengelansätze entfernen. ● Nach etwa der Hälfte der Bratzeit das Gemüse zum Braten geben und die restliche Fleischbrühe dazugießen. ● Den Rippenbraten aus dem Topf nehmen und warm stellen. ● Den Bratensatz mit etwas heißem Wasser losrühren und mit dem Gemüse durch ein Sieb in einen kleinen Topf passieren. Die Sauce nochmals erhitzen und getrennt zum Braten servieren.

Das paßt dazu: Kartoffelpüree und Senffrüchte

## Hohe Rippe Mailänder Art

*Zutaten für 4 Personen:*
*3 Knoblauchzehen · 1500 g Rindfleisch mit Knochen aus der hohen Rippe · Salz · schwarzer Pfeffer, frisch gemahlen · 2 Eßl. Butter · 1 Eßl. Olivenöl · ⅛ l trockener Weißwein · ¼ l Fleischbrühe · 500 g Möhren · 500 g Bleichsellerie · 1 Fleischtomate · 1 Eßl. Tomatenmark*
Pro Person etwa 3260 Joule/780 Kalorien

● Zubereitungszeit: 2 Stunden

So wird's gemacht: Die Knoblauchzehen schälen und in Stifte schneiden. Die Fettschicht der Hochrippe mit einem spitzen Messer einstechen und die Knoblauchstifte hineinstecken. Das Fleisch mit Salz und Pfeffer einreiben. ● Die Butter und das Öl in einer Kasserolle erhitzen und das Bratenstück von allen Seiten gut anbraten. Den Wein und ⅛ l Fleischbrühe dazugießen, in der geschlossenen Kasserolle 45 Minuten schmoren lassen. ● Die Möhren schaben, waschen und in Scheiben schneiden. Den Bleichsellerie waschen, trockentupfen und in Stücke schneiden. Die Tomate mit heißem Wasser überbrühen, enthäuten und kleinschneiden, dabei die Stengelansätze entfernen. ● Das Gemüse zum Fleisch geben und noch 30 Minuten mitschmoren lassen. ● Den Braten und das Gemüse auf einer Platte anrichten und warm stellen. Den Bratensatz mit der restlichen Brühe loskochen, das Tomatenmark hineinrühren und die Sauce abschmecken. Die Sauce extra servieren.

Das paßt dazu: Salzkartoffeln

# Rezept- und Sachregister

*Kursiv* gesetzte Seitenzahlen verweisen auf Farbbilder.

Aillade 24
Aioli 24, *3. Umschlagseite*
Auberginen mit Käse überbacken 46, *47*
– Roulade 42
Austernpilzen, Eichblattsalat mit 8

Bagna caôda 8
Bandnudeln mit Meeresfrüchten 28
Blumenkohl, Kärntner 43
Bohnengemüse, italienisches 43
Bohnensuppe, serbische 22
Bouillabaisse 33
Broccoli, geschmorter 42
Bruschetta 11
Bulgarische Joghurtsuppe 23
Bunte Risottopfanne 44

Champignons in Öl 15
Chili con carne *19*, 45
Chinesische Shrimps 33
Coq au vin 30

Eichblattsalat mit Austernpilzen 8
Eingelegte Oliven 15
– Paprikaschoten *Umschlag-Vorderseite*, 15
Einkauf 6
Essig, Knoblauch- 21
–, normannischer 21
–, Würz- 21

Fenchel-Vorspeise *10*, 14
Fettucciue alla marinara 28
Fischrisotto 34
Fischsuppe mit Gemüse 35
Französische Knoblauchsauce 24
Frikadellen Florentiner Art 53

Garnelen in scharfer rote Sauce 39
Gazpacho *20*, 23
Gefüllte Zucchinipakete *37*, 41
Geknofelte Zucchini 41
Gemüsesuppe, spanische *20*, 23

Gemüsetopf, neapolitanischer *2. Umschlagseite*, 40
Geschmorte Lammhaxen 51
Geschmorter Broccoli 42
Geschmortes Huhn mit Oliven 32, *38*
Gespickter Schweinebraten in Biersauce 52
Gnocchi verdi »Strangolapreti« *48*, 49
Gratin dauphinois 44
Gratinierte Tomaten 8, *9*
Griechische Knoblauchsauce 26
– mit Kartoffeln 26
Griechischer Gurkensalat 11
Grüne Knoblauchbutter 18
– Sauce 25
Gulaschsuppe, ungarische 22
Gurkensalat, griechischer 11

Hähnchen in Burgunderwein 30
– Farmer Art 31
–, paniertes 31
Heiße Oliven 16
– Sauce 8
Hohe Rippe Mailänder Art 54
Huhn, indonesisches 32

Indonesisches Huhn 32
Italienische Salatsauce 25
Italienischer Linseneintopf 44
Italienisches Bohnengemüse 43
– Knoblauchöl 21
Joghurtsuppe, bulgarische 23

Kabeljau aus dem Ofen, pikanter 36
Kalbshaxe mit viel Knoblauch 50
Kalifornische Oliven 16
Kärntner Blumenkohl 43
Knoblauch in Öl 16
– in Öl provenzalische Art 17
– in Öl, würziger 17
– brot vom Grill 12
– butter 17

Knoblauchbutter, grüne 18
– essig 21
– huhn 30
– kur 5
– öl, italienisches 21
– Salatöl 18
– sauce, französische 24
– sauce, griechische 26
– sauce mit Kartoffeln, griechische 26
– sauce, spanische 24
– suppe, überbackene 22

Lachsforelle provenzalisch 35
Lagerung 6
Lammhaxen, geschmorte 51
Lammkoteletts, marinierte 50
Linseneintopf, italienischer 44

Marinierte Lammkoteletts 50
– Pilze auf griechische Art 13
– Zucchini 13
Melanzane alla parmigiana 46, *47*
Muscheln in Tomatensauce 14

Neapolitanischer Gemüsetopf *2. Umschlagseite*, 40
Normannischer Essig 21

Ochsenschwanzragout, spanisches 53
Oliven, eingelegte 15
–, heiße 16
–, kalifornische 16
–, provenzalische 16
–, römische 16

Paniertes Hähnchen 31
Paprikaschoten, eingelegte *Umschlag-Vorderseite*, 15
Pikanter Kabeljau aus dem Ofen 36
Pilze auf griechische Art, marinierte 13
Pollo alla sabinese 32, *38*

# Rezept- und Sachregister

Provenzalische Oliven 16
Provenzalischer Toast, *Umschlag-Vorderseite*, 12

**R**atatouille 40
Risotto, Fisch- 34
– pfanne, bunte 44
Römische Oliven 16
Rosmarinöl 18
Rouille 34

**S**aftiger Speckauflauf 45
Salatöl, Knoblauch- 18
Salatsauce, italienische 25
Salsa verde 25
Scampi aus der Pfanne 39
Schweinebraten griechische Art 52
– in Biersauce, gespickter 52
Schweinerippenbraten 54
Serbische Bohnensuppe 22

Shrimps, chinesische 33
Skordalia 26
Spaghetti alla ghiotta 27
– al pesto genovese 27
– alle vongole 28
– con aglio e olio 27
– mit grüner Basilikumsauce 27
– mit Herzmuscheln und Tomaten 28
– mit Knoblauch und Öl 27
– schüssel San Felice 29
Spanische Gemüsesuppe 23
– Knoblauchsuppe 24
Spanisches Ochsenschwanzragout 53
Speckauflauf, saftiger 45
Spinatknödel mit Tomatensauce *48*, 49
Supersnacks 12
Süß-saure Zucchini 41

Teufelshuhn 30
Toast, provenzalischer *Umschlag-Vorderseite*, 12
Tomaten, gratinierte 8, *9*
– sauce, Muscheln in 14
Tsatsíkji 11

**Ü**berbackene Knoblauchsuppe 22
Ungarische Gulaschsuppe 22

**W**eißbrot mit Knoblauch und Olivenöl 11
Würzessig 21
Würziger Knoblauch in Öl 17

**Z**itronenfisch 36
Zucchini, geknofelte 41
–, marinierte 13
– pakete, gefüllte *37*, 41
–, süß-saure 41